KB077483

말하기 능력을 키우는
발표의 기술

ㄱㄴㄷㄹ 외국인 유학생을 위한 교양 한국어

말하기 능력을 키우는 발표의 기술

김경훤 홍은실 현원숙 김희경 오광근 유하라 지음

성균관대학교 출판부

■ **머리말** ■

최근 한국 대학에서는 유학생 수가 많아짐에 따라 그들의 학업 능력에 대한 관심도 높아지고 있다. 일반 목적의 한국어와 대학에서 필요한 학문 목적의 한국어는 그 내용과 수준에 큰 차이가 있다. 유학생의 원만한 대학 생활을 위해서는 한국어 교육원에서 배웠던 일상생활의 영위를 위한 기초적 한국어 능력만으로는 부족하다. 대학에서 이루어지는 의사소통은 격식적인 상황에서 문어 중심으로 진행되는 특징이 있기 때문이다. 또한 일반교양 지식은 물론 전문 지식을 학습할 수 있는 정도의 한국어 능력도 필요하다. 이러한 언어 능력을 제대로 갖추지 못한다면 유학생들이 대학 생활을 제대로 영위하기 힘들다. 그리고 무엇보다도 대학에서의 수학 능력을 극대화하기 위해서는 학습 언어 능력을 키우는 것이 시급하고 필수적이다.

이러한 문제의식을 바탕으로 성균관대학교 학부대학에서는 〈외국인 유학생을 위한 교양 한국어〉 시리즈를 개발하여 세상에 내놓는다. 이 교재는 유학생들이 대학의 학업을 성공적으로 수행하도록 돕는 데에 목표를 두고 있다. 대학에서 필요한 한국어 의사소통 능력과 함께 학업에 필요한 실제적인 기술들을 중심으로 구성하였으므로 학습 과정 동안 한국어 능력은 물론 학업 능력까지 자연스럽게 향상될 것으로 믿는다.

『말하기 능력을 키우는 발표의 기술』은 외국인 유학생이 학문 담화 상황에서 발표의 일반적인 절차를 이해하고 숙지함으로써 유창하게 발표할 수 있는 능력을 가질 수 있도록 하였다.

이 책은 기존의 과정 중심 말하기 방식을 지향하는 다른 한국어 교재들과 비교했을 때 내용면에서 차이가 있다. 첫째, 학습자가 학문 담화 상황에서 청중의 특성, 발표의 목적 등이 일반적 상황과는 어떻게 다른지 살펴볼 수 있도록 하였다. 둘째, 그동안 한국어 교재들이 간과해 온 준언어적 요소, 비언어적 요소 등이 발표 내용을 전달할 때 중요하다는 점을 학습자들이 인식할 수 있도록 하였다. 셋째, 발표할 때 사용하는 보조 자료를 효과적으로 제작하고 활용할 수 있는 매체문식성이 함양되도록 슬라이드 실례를 다양하게 제시하였다. 넷째, 발표에서 사용하는 다양한 표현들을 외우는 연습 문장을 제공함으로써 학습자의 유창성을 높일 수 있도록 하였다.

이 교재는 2014년 1학기에 성균관대학교의 학부대학 내에서 한국어 집중학습과정이 개설될 때부터 집필하기 시작하였다. 그 학기가 끝날 무렵에 교재가 완성되었지만 유학생을 위해 어떤 수업을 진행할지에 대한 고민으로 한 학기 동안 난상 토론이 진행되었고 2년 이상을 교재 집필에 매달려 이제야 빛을 보게 된 것이다. 아무쪼록 이 교재 시리즈를 통해 유학생들의 학업 능력이 향상되어 한국에서 대학 생활을 만족스럽게 즐기고, 학업 성과도 크게 거두기를 기대한다.

마지막으로, 교재 준비 단계부터 집필의 전 과정에서 작업이 수월하게 진행될 수 있도록 많은 도움을 주신 학부대학 유홍준 학장님과 실무 관계자들께 감사드린다. 또한 저자의 한 사람으로서 이 교재의 집필에 참여해주신 여러 선생님들께 진심으로 감사의 마음을 전한다. 덧붙여 이 교재들은 교육 프로그램과 관련되어 있어서 여러 종류의 교재 출판이 동시에 진행될 수밖에 없었다. 사정이 이러함에도 불구하고 출판 일정, 삽화, 교열 교정까지 꼼꼼하게 점검해 주신 성균관대학교 출판부 관계자 여러분께도 감사드린다.

2016년 8월

공동 저자 대표 김경훤

■ 일러두기 ■

“말하기 능력을 키우는 발표의 기술”은 외국인 유학생이 대학 강의 중 진행되는 발표를 수행할 수 있는 능력을 기르는 것을 목적으로 하고 있다. 격식적 말하기 상황에 익숙하지 않은 외국인 유학생에게는 상황이나 화자와 청자의 관계 등을 스스로 파악하고 그에 적절한 내용과 표현으로 말을 하는 능력이 필요하다.

이 책은 외국인 유학생이 발표를 수행할 때 상황에 맞게 내용을 구성하고 표현을 적절하게 사용하는 능력을 기르는 데 중점을 두고 있다. 외국인 유학생은 말하기의 본질에 대한 이해를 바탕으로 학문 목적 발표에 대해 체계적으로 배운 후, 학문 목적 발표에 적합한 구조를 조직하고 내용을 전개할 때 적절한 설명 방식을 사용할 수 있을 것이다.

“말하기 능력을 키우는 발표의 기술”은 전체 13과로 구성되어 있다. Ⅰ부 ‘말하기의 본질’은 말하기의 개념과 종류, 준언어적 요소와 비언어적 요소, 매체 언어를 다룬다. Ⅱ부 ‘발표의 기초’는 발표의 개념과 특성, 준비 절차, 그리고 도입부와 종결부를 담았다. Ⅲ부 ‘전개부의 설명 방식’에서는 정의, 예시, 구분·분류, 비교·대조, 자료 제시, 논거 제시 등의 설명 방식을 익히도록 하였다. Ⅱ부와 Ⅲ부에는 슬라이드 예제를 지속적으로 제시하여 학습자들이 매체 문식성을 기르도록 하였다.

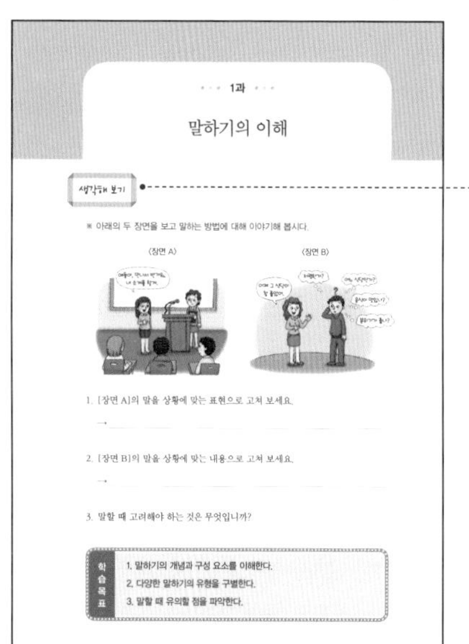

1과

말하기의 이해

생각해 보기

※ 아래의 두 장면을 보고 말하는 방법에 대해 이야기해 봅시다.

〈장면 A〉 〈장면 B〉

1. [장면 A]의 말을 상황에 맞는 표현으로 고쳐 보세요.

→

2. [장면 B]의 말을 상황에 맞는 내용으로 고쳐 보세요.

→

3. 말할 때 고려해야 하는 것은 무엇입니까?

학습 목표

1. 말하기의 개념과 구성 요소를 이해한다.
2. 다양한 말하기의 유형을 구별한다.
3. 말할 때 유의할 점을 파악한다.

각 과는 생각해 보기, ‘학습 목표’, 본문, 연습, 과제, 정리 순으로 구성되어 있다.

생각해 보기

- 각 과에서 다루는 주제에 대해 인식할 수 있도록 구성하였다.
- 학습자가 질문에 대해 생각하면서 배경지식을 활성화하거나 확장할 수 있도록 하였다.

'학습 목표'

- 각 과에서 달성해야 할 목표를 제시하였다.
- 학습이 끝난 후에 학습 목표의 달성 여부를 확인할 수 있도록 하였다.

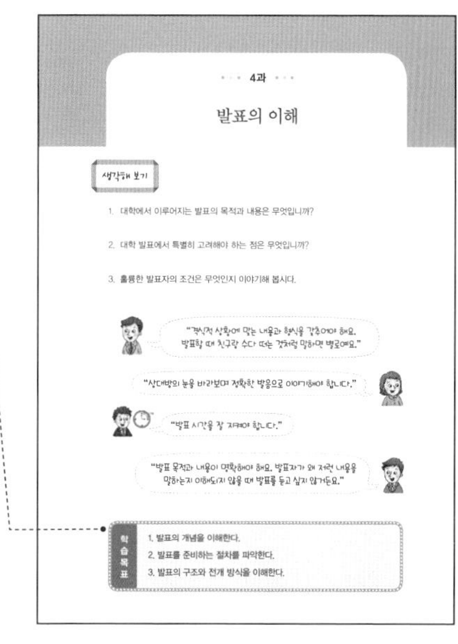

4과

발표의 이해

생각해 보기

1. 대학에서 이루어지는 발표의 목적과 내용은 무엇입니까?

2. 대학 발표에서 특별히 고려해야 하는 점은 무엇입니까?

3. 훌륭한 발표자의 조건은 무엇인지 이야기해 봅시다.

"격식적 상황에 맞는 내용과 형식을 갖추어야 해요. 발표할 때 친구랑 수다 떠는 것처럼 말하면 별로예요."

"상대방의 눈을 바라보며 정확한 발음으로 이야기해야 합니다."

"발표 시간을 잘 지켜야 합니다."

"발표 목적과 내용이 명확해야 해요. 발표자가 왜 저런 내용을 말하는지 이해되지 않을 때 발표를 듣고 싶지 않거든요."

학습목표

1. 발표의 개념을 이해한다.
2. 발표를 준비하는 절차를 파악한다.
3. 발표의 구조와 전개 방식을 이해한다.

· 비언어적 요소 ·

비언어적 요소는 언어적 요소 그리고 준언어적 요소와 함께 의사소통의 중요한 수단이다. 시선, 표정, 자세, 몸짓 등 다양한 비음성적 요소를 통해 의미를 전달한다.

(1) 시선

화자는 말할 때 청자의 눈을 바라봐야 한다. 청자의 눈을 바라보지 않거나 상대방의 시선을 피하면 무언가를 숨기거나 거짓말하고 있다는 인상을 주게 된다. 청자가 여러 명일 경우에는 화자가 청자들과 시선을 골고루 맞추어 모두 의사소통에 참여하고 있다는 느낌이 들게 해야 한다.

(2) 표정

화자는 밝고 자연스러운 표정을 지으며 말해야 한다. 청자가 생각을 읽을 수 없게 무표정한 상태로 있거나 힘없는 표정을 짓고 있는 것은 좋지 않다. 그리고

26 말하기의 본질

본문

- 각 과에서 제시한 중요한 핵심 내용을 설명하였다.
- 다양한 상황에서 사용할 수 있는 예문을 제시한 후, 그에 대해 자세히 설명하였다.
- 7과부터는 예문과 더불어 슬라이드 예제를 제시하여 학습자가 주제와 설명 방식에 적합한 매체 언어에 대해 인식할 수 있도록 하였다.

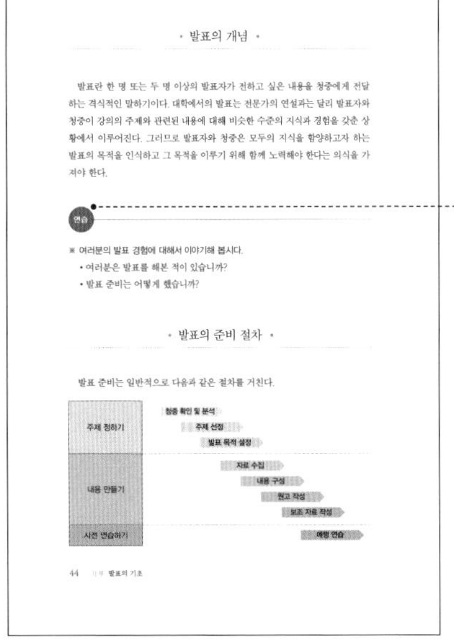

· 발표의 개념 ·

발표란 한 명 또는 두 명 이상의 발표자가 전하고 싶은 내용을 청중에게 전달하는 격식적인 말하기이다. 대학에서의 발표는 전문가의 연설과는 달리 발표자와 청중이 강의의 주제와 관련된 내용에 대해 비슷한 수준의 지식과 경험을 갖춘 상황에서 이루어진다. 그러므로 발표자와 청중은 모두의 지식을 함양하고자 하는 발표의 목적을 인식하고 그 목적을 이루기 위해 함께 노력해야 한다는 의식을 가져야 한다.

연습

※ 여러분의 발표 경험에 대해서 이야기해 봅시다.
- 여러분은 발표를 해본 적이 있습니까?
- 발표 준비는 어떻게 했습니까?

· 발표의 준비 절차 ·

발표 준비는 일반적으로 다음과 같은 절차를 거친다.

44 II부 발표의 기초

연습

- 각 과에서 제시한 핵심 내용을 실제에 적용하는 연습을 하도록 구성하였다.
- Ⅲ부부터는 학습자가 각 과의 대표적인 예문을 외워 유창성과 정확성을 기를 수 있도록 하였다.
- 문장을 외울 때 음절 단위가 아니라 어절 단위로 발화하도록 유도한다.

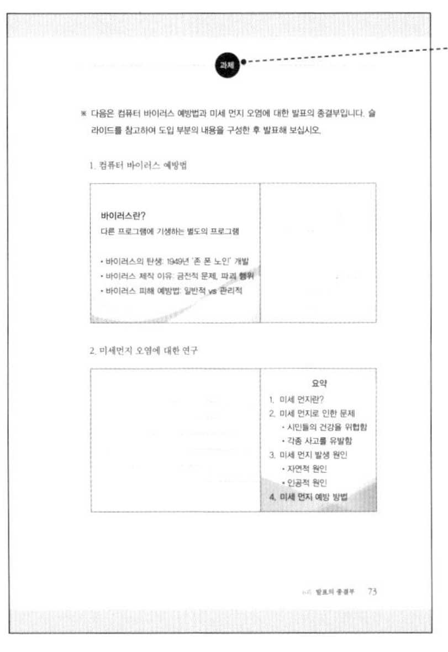

과제

※ 다음은 컴퓨터 바이러스 예방법과 미세 먼지 오염에 대한 발표의 종결부입니다. 슬라이드를 참고하여 도입 부분의 내용을 구성한 후 발표해 보십시오.

1. 컴퓨터 바이러스 예방법

2. 미세먼지 오염에 대한 연구

6과 발표의 종결부 73

과제

- 각 과에서 학습한 내용을 바탕으로 학습자가 직접 수행해 볼 수 있는 과제를 제시하였다.
- 해당 과의 내용뿐만 아니라 습득한 지식을 종합적으로 실제에 적용할 수 있게 하였다.
- 7과부터 학습자가 슬라이드를 작성해 보는 기회를 제공하여 매체 언어의 활용 능력을 향상할 수 있도록 하였다.

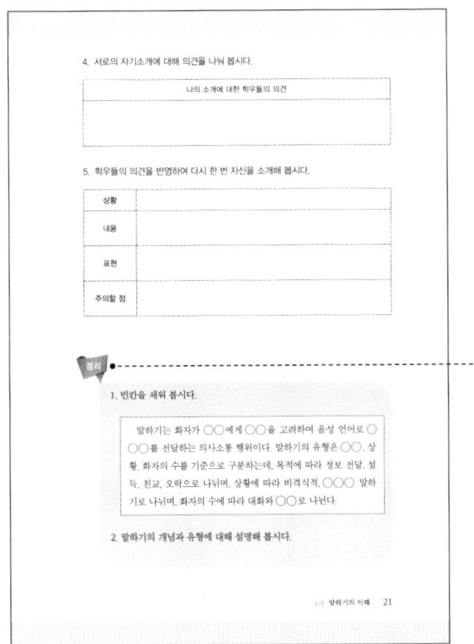

4. 서로의 자기소개에 대해 의견을 나눠 봅시다.

나의 소개에 대한 학우들의 의견

5. 학우들의 의견을 반영하여 다시 한 번 자신을 소개해 봅시다.

상황	
내용	
표현	
주의할 점	

정리

1. 빈칸을 채워 봅시다.

말하기는 화자가 ○○에게 ○○을 고려하여 음성 언어로 ○○○를 전달하는 의사소통 행위이다. 말하기의 유형은 ○○, 상황, 화자의 수를 기준으로 구분하는데, 목적에 따라 정보 전달, 설득, 친교, 오락으로 나뉘며, 상황에 따라 비격식적, ○○○ 말하기로 나뉘며, 화자의 수에 따라 대화와 ○○로 나뉜다.

2. 말하기의 개념과 유형에 대해 설명해 봅시다.

1과 말하기의 이해 21

- 각 과에서 학습한 내용 중 주요 개념들을 되짚어 보는 문제를 제시하였다.
- 학습자가 한국어 말하기, 발표와 관련된 학술 용어를 이해 어휘에서 표현 어휘로 전환할 수 있도록 유도한다.

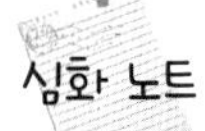

- 본문에서 다루지 않지만 격식적인 말하기 상황에서 유학생들이 알면 도움이 될 만한 내용들을 제시하였다.
- 비언어적 요소, 지칭과 호칭, 발표를 위한 조언 등 다양한 내용을 수록하였다.

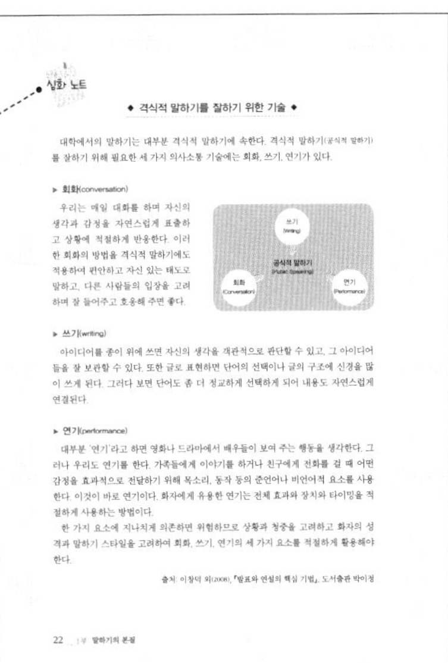

심화 노트

◆ 격식적 말하기를 잘하기 위한 기술 ◆

대학에서의 말하기는 대부분 격식적 말하기에 속한다. 격식적 말하기(공식적 말하기)를 잘하기 위해 필요한 세 가지 의사소통 기술에는 회화, 쓰기, 연기가 있다.

▶ 회화(conversation)

우리는 매일 대화를 하며 자신의 생각과 감정을 자연스럽게 표출하고 상황에 적절하게 반응한다. 이러한 회화의 방법을 격식적 말하기에도 적용하여 편안하고 자신 있는 태도로 말하고, 다른 사람들의 입장을 고려하며 잘 들어주고 호응해 주면 좋다.

▶ 쓰기(writing)

아이디어를 종이 위에 쓰면 자신의 생각을 객관적으로 판단할 수 있고, 그 아이디어들을 잘 보관할 수 있다. 또한 글로 표현하면 단어의 선택이나 글의 구조에 신경을 많이 쓰게 된다. 그러다 보면 단어도 좀 더 정교하게 선택하게 되어 내용도 자연스럽게 연결된다.

▶ 연기(performance)

대부분 '연기'라고 하면 영화나 드라마에서 배우들이 보여 주는 행동을 생각한다. 그러나 우리도 연기를 한다. 가족들에게 이야기를 하거나 친구에게 전화를 걸 때 어떤 감정을 효과적으로 전달하기 위해 목소리, 동작 등의 준언어나 비언어적 요소를 사용한다. 이것이 바로 연기이다. 화자에게 유용한 연기는 전체 효과와 장치와 타이밍을 적절하게 사용하는 방법이다.

한 가지 요소에 지나치게 의존하면 위험하므로 상황과 청중을 고려하고 화자의 성격과 말하기 스타일을 고려하여 회화, 쓰기, 연기의 세 가지 요소를 적절하게 활용해야 한다.

출처: 이창덕 외(2008), 『발표와 연설의 핵심 기법』, 도서출판 박이정

22 1부 말하기의 본질

■ 목차 ■

III부

전개부의 설명 방식

부록

1과 말하기의 이해

2과 준언어적 요소와 비언어적 요소

3과 매체 언어와 의사소통

I부

말하기의 본질

1과

말하기의 이해

생각해 보기

※ 아래의 두 장면을 보고 말하는 방법에 대해 이야기해 봅시다.

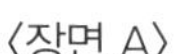
〈장면 A〉

〈장면 B〉

1. [장면 A]의 말을 상황에 맞는 표현으로 고쳐 보세요.

→ ______________________________

2. [장면 B]의 말을 상황에 맞는 내용으로 고쳐 보세요.

→ ______________________________

3. 우리가 말할 때 고려해야 하는 것은 무엇입니까?

학습목표

1. 말하기의 개념과 구성 요소를 이해한다.
2. 다양한 말하기의 유형을 구별한다.
3. 말할 때 유의할 점을 파악한다.

• 말하기란? •

말하기는 '화자가 상황을 고려하여 청자에게 음성 언어로 메시지를 전달하는 의사소통 행위'를 뜻한다. 화자는 말하는 사람으로 메시지(내용)를 음성 언어(표현)를 통해 전달하며, 청자는 듣는 사람으로 화자의 메시지를 수용한다. 메시지는 화자와 청자가 공유하고자 하는 생각, 느낌, 의견, 정보 등을 말한다.

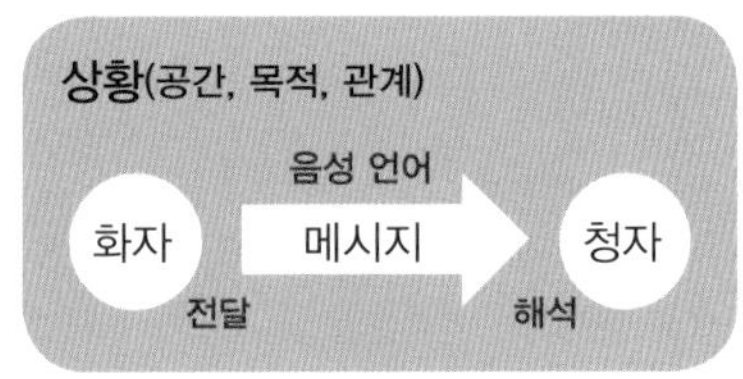

〈말하기의 과정〉

상황(맥락)은 장소와 시간 등의 물리적 공간, 그리고 말하는 목적, 화자와 청자의 관계 등을 말한다. 화자는 상황을 고려하여 자신이 전하고자 바를 전달해야 하며, 청자도 메시지를 해석할 때 상황을 고려해야 한다. 예를 들어 화자가 청자에게 "춥지 않아?"라고 표현할 때 그것은 말 그대로 날씨에 대한 질문일 수도 있다. 그러나 연인 사이에서는 '당신이 추우면 옷을 벗어주겠다.'거나 엄마와 아이 사이에서는 '그만 수영하고 나와라. 입술이 퍼렇다.'라는 의미일 수도 있다. 이처럼 말하기는 화자와 청자의 관계와 상황(맥락)이 메시지를 해석하는 데 중요한 역할을 한다.

연습

※ "괜찮아요."의 의미를 다양하게 해석할 수 있는 상황을 그려 봅시다.

〈상황 1〉	〈상황 2〉	〈상황 3〉

• 말하기의 유형 •

(1) 목적에 따라

말하기는 목적에 따라 설득적 말하기, 설명적 말하기, 친교적 말하기, 오락적 말하기로 나뉜다. '설득적 말하기'는 상대가 어떤 사실을 믿게 하거나 어떤 행동을 하게 하는 주장, 토론, 건의 등을 말하며, '설명적 말하기'는 지식, 기술, 경험, 의견, 문화 등의 정보를 설명하는 안내, 뉴스, 설명, 발표 등을 말한다. 다음으로 상대방과 친밀한 관계를 형성하거나 유지하기 위해 말하는 인사, 환영사, 대화 등의 '친교적 말하기' 그리고 재미를 통해 분위기를 전환하고자 하는 유머, 풍자 등의 '오락적(예술적) 말하기'가 있다.

(2) 격식성의 유무에 따라

말하기는 말하는 상황의 격식 여부에 따라 '격식적 말하기'와 '비격식적 말하기'로 나뉜다. 격식적 말하기는 공적인 상황에서 주로 이루어지는 회의, 토론, 강연, 방송, 발표 등을 말하며, 비격식적 말하기는 격식에 얽매이지 않고 편안하게 말할 수 있는 친구와의 대화, 가족과의 전화 통화 등을 예로 들 수 있다.

(3) 화자의 수에 따라

말하기는 대화에 참여하는 화자의 수에 따라 '대화'와 '독화'로 나뉜다. 둘 이상의 대화 참여자가 존재하는 경우를 대화라고 하며, 그 예로는 인사, 길 묻기, 전화, 토의, 토론 등이 있다. 화자가 한 사람인 경우는 독화라고 하며, 그 예로는 보도, 강의, 연설, 발표 등이 있다.

(4) 준비의 정도에 따라

말하기는 준비의 정도에 따라 '준비된 말하기'와 '즉흥적 말하기'로 나뉜다. 말하기 전에 말할 내용이나 자료를 준비할 수 있는 경우를 준비된 말하기라고 하며, 말하기 전에 준비할 여유가 거의 없는 경우를 즉흥적 말하기라고 한다.

연습

※ 아래 (가)~(다)의 말하기 유형을 파악한 후, 상황에 맞는 적절한 말을 생각해 봅시다.

가 동아리 MT에서 친구와 선배들에게 자기를 소개한다.

- 목적:
- 화자의 수:
- 격식성의 유무:
- 준비의 정도:

나 은사님들께 감사를 드리는 사은회에서 사회를 보게 되어 행사 시작을 알리는 말을 하려고 한다.

- 목적:
- 화자의 수:
- 격식성의 유무:
- 준비의 정도:

다 친구와 여행지를 결정해야 하는데 나는 꼭 제주도에 가고 싶다.

- 목적:
- 화자의 수:
- 격식성의 유무:
- 준비의 정도:

• 말할 때 유의할 점 •

우리는 주변에서 유창하게는 말하지만 별 내용이 없거나 횡설수설하는 사람들을 종종 보게 된다. 이와는 반대로 말은 서툴지만 자신이 말하고자 하는 바를 논리적으로 구성하여 전달하는 사람도 볼 수 있다. 그리고 적확한 단어를 골라 자신의 의도를 정확하게 전달하는 사람을 보기도 한다. 우리는 일반적으로 특별하지 않은 일반적인 내용을 말하는데도 전달 능력이 탁월한 사람에게는 집중하게 된다. 이처럼 말할 때에는 말하는 내용과 표현 능력에 따라 전달 효과가 달라진다.

말할 때 유의할 점을 정리하면 아래와 같다.

내용	• 말하고자 하는 목적을 분명히 한다. • 말하고자 하는 목적에 부합하는 소재와 주제문을 선정한다. • 주제문을 뒷받침하는 근거를 제시한다. • 상대방이 이해할 수 있도록 내용을 구성한다. • 말하고자 하는 바를 논리적으로 전개한다.
표현	• 상황에 적절한 말하기 유형을 선택한다. • 내용을 정확하게 전달하는 어휘를 사용한다. • 내용이 잘 전달될 수 있도록 정확히 발음한다. • 목소리 크기, 속도를 상황에 맞게 조절한다. • 시선, 몸짓 등의 비언어적 요소를 상황에 맞게 적절히 사용한다. • 경우에 따라 보조 자료(사진, PPT, UCC 등)를 효과적으로 사용한다.

연습

1. 자신이 대학에 진학한 이유에 대해 말해 봅시다.

2. 말할 때 내용과 표현이 적절했는지 다른 사람과 이야기해 봅시다.

과제

1. 아래와 같은 상황에서 자기소개를 할 때 말해야 할 내용으로 적절한 것은 무엇인지 생각해 봅시다.

- 학과 오리엔테이션에서 교수, 선배, 동기들에게 자신을 소개할 때
- 미팅 또는 소개팅에서 상대방에게 자신을 소개할 때
- 아르바이트 면접에서 매니저에게 자신을 소개할 때
- 취업을 위한 면접에서 면접관에게 자신을 소개할 때

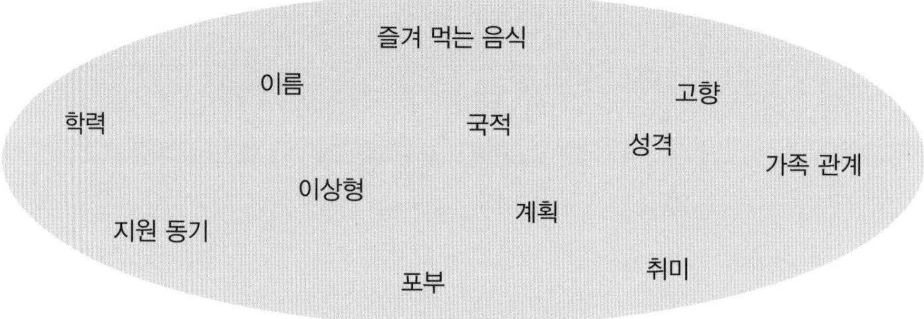

2. 위의 내용을 바탕으로 상황에 적절한 표현을 선택하여 1분간 자기소개를 해 봅시다.

3. 다른 사람의 자기소개를 들으면서 아래 표를 작성해 봅시다.

이름	
내용 요약	
의견	

4. 서로의 자기소개에 대해 의견을 나눠 봅시다.

나의 소개에 대한 학우들의 의견

5. 학우들의 의견을 반영하여 다시 한 번 자신을 소개해 봅시다.

상황	
내용	
표현	
주의할 점	

정리

1. 빈칸을 채워 봅시다.

> 말하기는 화자가 ○○에게 ○○을 고려하여 음성 언어로 ○○○를 전달하는 의사소통 행위이다. 말하기의 유형은 ○○, 상황, 화자의 수를 기준으로 구분하는데, 목적에 따라 정보 전달, 설득, 친교, 오락으로 나뉘며, 상황에 따라 비격식적, ○○○ 말하기로 나뉘며, 화자의 수에 따라 대화와 ○○로 나뉜다.

2. 말하기의 개념과 유형에 대해 설명해 봅시다.

◆ 격식적 말하기를 잘하기 위한 기술 ◆

대학에서의 말하기는 대부분 격식적 말하기에 속한다. 격식적 말하기(공식적 말하기)를 잘하기 위해 필요한 세 가지 의사소통 기술에는 회화, 쓰기, 연기가 있다.

▶ **회화**(conversation)

우리는 매일 대화를 하며 자신의 생각과 감정을 자연스럽게 표출하고 상황에 적절하게 반응한다. 이러한 회화의 방법을 격식적 말하기에도 적용하여 편안하고 자신 있는 태도로 말하고, 다른 사람들의 입장을 고려하며 잘 들어주고 호응해 주면 좋다.

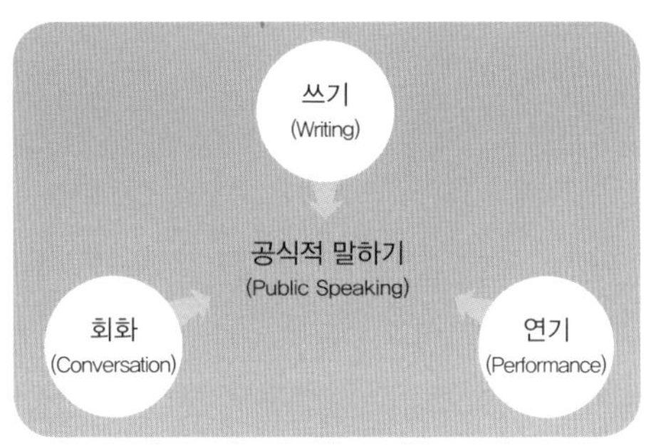

▶ **쓰기**(writing)

아이디어를 종이 위에 쓰면 자신의 생각을 객관적으로 판단할 수 있고, 그 아이디어들을 잘 보관할 수 있다. 또한 글로 표현하면 단어의 선택이나 글의 구조에 신경을 많이 쓰게 된다. 그러다 보면 단어도 좀 더 정교하게 선택하게 되어 내용도 자연스럽게 연결된다.

▶ **연기**(performance)

대부분 '연기'라고 하면 영화나 드라마에서 배우들이 보여 주는 행동을 생각한다. 그러나 우리도 연기를 한다. 가족들에게 이야기를 하거나 친구에게 전화를 걸 때 어떤 감정을 효과적으로 전달하기 위해 목소리, 동작 등의 준언어나 비언어적 요소를 사용한다. 이것이 바로 연기이다. 화자에게 유용한 연기는 전체 효과와 장치와 타이밍을 적절하게 사용하는 방법이다.

한 가지 요소에 지나치게 의존하면 위험하므로 상황과 청중을 고려하고 화자의 성격과 말하기 스타일을 고려하여 회화, 쓰기, 연기의 세 가지 요소를 적절하게 활용해야 한다.

출처: 이창덕 외(2008), 『발표와 연설의 핵심 기법』, 도서출판 박이정

2과

준언어적 요소와 비언어적 요소

생각해 보기

※ 아래 장면을 보고 문제점이 무엇인지 이야기해 봅시다.

〈장면 A〉

〈장면 B〉

〈장면 C〉

학습목표

1. 준언어적 요소와 비언어적 요소의 개념을 안다.
2. 준언어적 요소와 비언어적 요소의 중요성을 이해한다.
3. 준언어적 요소와 비언어적 요소를 효과적으로 사용한다.

• 말하기의 요소 •

말하기는 어휘, 문법 등의 언어적 요소, 목소리 크기, 속도, 휴지, 강세, 억양 등의 준언어적 요소, 시선, 자세, 표정, 몸짓 등의 비언어적 요소로 구성된다. 여기에서는 준언어적 요소와 비언어적 요소를 중점적으로 살펴보자.

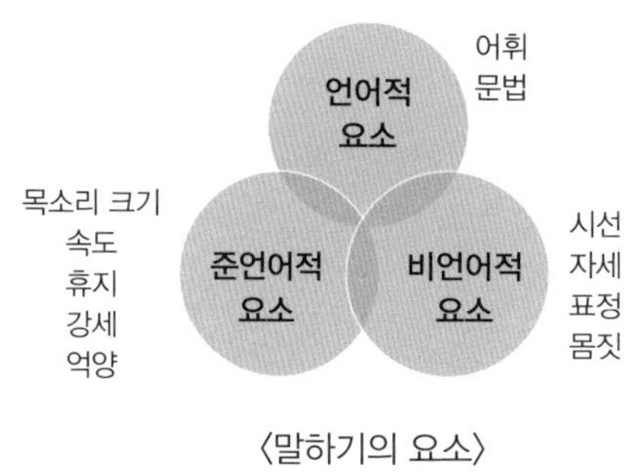

〈말하기의 요소〉

• 준언어적 요소 •

준언어적 요소란 음성 언어를 통한 의사소통에서 나타나는 목소리 크기, 속도, 휴지, 강세, 억양 등의 음성적 자질을 말한다.

(1) 목소리 크기, 속도, 휴지

목소리가 너무 크거나 작으면 듣는 사람이 피곤하다. 듣는 사람이 말하는 사람의 말에 귀를 기울일 수 있도록 목소리의 크기(음량)를 조절해야 한다.

천천히 말하거나 빨리 말하는 등 속도를 조절하면 청자의 주의를 환기하고 내용을 효과적으로 전달할 수 있다. 속도를 조절하기 위한 방법 중 하나가 중간에 잠시 쉬는 '휴지(pause)'를 두는 것이다. 도입부, 전개부, 종결부의 사이 그리고 단락과 단락 사이에 잠깐 쉬고 말을 해도 좋다.

또한 청중이 이해하기 어려운 발음의 경우 음절마다 휴지를 두는 것도 좋다.

예를 들어 발표자의 이름이 어려운 경우 "왕/탁/루/입니다."라고 음절마다 휴지를 두어 자신을 소개한다.

(2) 강세, 억양

특정한 어휘나 표현에 강세를 두면 청중에게 강조하고 싶은 내용이나 중요한 내용을 효과적으로 전달할 수 있다.

한국어는 억양(음의 높낮이 차이)을 이용하여 발화 의도, 감정, 태도를 표시할 수 있다는 특징이 있다. 처음부터 끝까지 같은 음의 높낮이로 말하는 것보다 어절 끝을 살짝 올려 말하고 중요한 내용은 음을 높이거나 낮추면 청중이 그 내용을 좀 더 잘 이해할 수 있다.

연습

1. 친구의 이름을 아래 상황에 맞게 불러 보세요.

- 부탁할 일이 있어 부를 때
- 화가 나 부를 때
- 밥 먹자고 부를 때
- 위로하기 위해 부를 때

2. 아래 문장을 준언어적 요소를 적절히 이용해 말해 봅시다.

- 오늘 발표에서는 저축을 해야 하는 이유와 저축을 하는 방법에 관해 알아보고자 합니다.
- 환경 오염은 인류의 가장 큰 걱정거리가 되었으며 전 세계인이 함께 해결해야 할 문제가 되었습니다.

• 비언어적 요소 •

비언어적 요소는 언어적 요소 그리고 준언어적 요소와 함께 의사소통의 중요한 수단이다. 시선, 표정, 자세, 몸짓 등 다양한 비음성적 요소를 통해 의미를 전달한다.

(1) 시선

화자는 말할 때 청자의 눈을 바라봐야 한다. 청자의 눈을 바라보지 않거나 상대방의 시선을 피하면 무언가를 숨기거나 거짓말하고 있다는 인상을 주게 된다. 청자가 여러 명일 경우에는 화자가 청자들과 시선을 골고루 맞추어 청자들이 모두 의사소통에 참여하고 있다는 느낌이 들게 해야 한다.

(2) 표정

화자는 밝고 자연스러운 표정을 지으며 말해야 한다. 청자가 화자의 생각을 읽을 수 없게 무표정한 상태로 있거나 힘없는 표정을 짓고 있는 것은 좋지 않다. 그

리고 전하고자 하는 내용에 적절한 표정을 짓는 것도 효과적이다. 예를 들어 청자를 설득하기 위해서는 확신에 찬 표정을 지어야 한다. 그리고 화자가 청자에게 슬픈 소식을 전할 때는 안타까운 표정을 지어야 그 마음이 제대로 전달된다.

(3) 자세

화자는 등과 허리를 구부리지 말고 반듯하게 펴고, 청자들을 바라보며 말해야 한다. 화자가 고개를 푹 숙이면 자신감이 없어 보여서 청자가 화자의 말을 신뢰하기 어렵다. 반면 화자가 고개를 치켜들면 거만해 보여 청자가 화자와 화자의 말에 대해 거부감을 느낄 수도 있다.

(4) 몸짓

몸짓은 제스처(gesture)라고도 하는데, 문화적인 면과도 관련이 있다. 화자가 몸짓을 적절히 사용하면 청자가 화자에게 집중하게 만들 수도 있고 청자에게 의미를 잘 전달할 수 있다. 청자는 고개를 끄덕이는 등의 몸짓을 통해 자신이 화자의 말에 주의를 기울이고 있다는 것을 표현하기도 한다.

청자에게 거부감을 주지 않는 비언어적 요소도 있지만 청자에게 거부감을 주는 비언어적 요소도 있다. 화자는 말을 할 때, 손을 사용하여 사물을 가리키는 경우가 생긴다. 이때 손가락질을 하거나, 그중에서도, 가운데 손가락을 사용하는 동작들은 거부감을 불러일으킬 수 있다. 그러므로 손가락보다는 손바닥을 사용하는 것이 좋다.

비언어적 요소는 무의식적으로 나타나기도 하므로 자신의 비언어적 요소를 이해하기 위해 자신의 동작을 동영상으로 촬영하여 점검하는 것도 하나의 방법이다.

연습

1. 아래 (가)~(라) 장면에 나타난 화자들의 비언어적 요소를 분석해 봅시다.

(가)

(나)

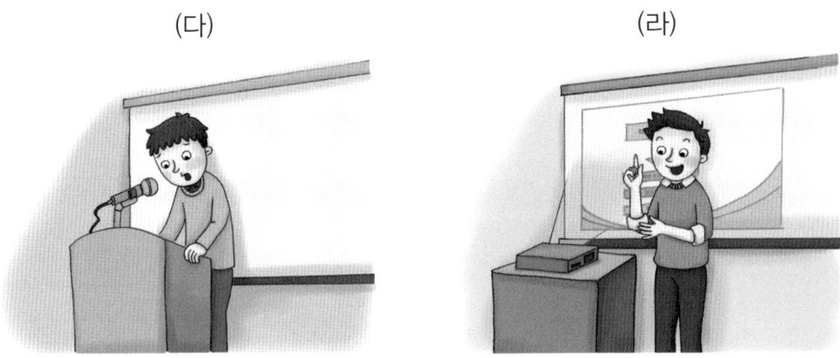

2. 아래 글은 비언어적 요소와 관련된 이론입니다. 이를 바탕으로 비언어적 요소의 중요성에 대해 설명해 봅시다. 이때 화자로서 비언어적 요소를 효과적으로 활용하면서 설명해 봅시다.

> "비언어적 행동 연구의 권위자인 버드휘스텔(Birdwhistell)은 보통 사람들이 하루에 10분에서 11분 정도만 말을 하며, 전체 의사소통의 약 65%가 비언어적 요소로 이루어진다고 하였다. 메러비언(Mehrabian)은 '전체 메시지 = 언어 7% + 준언어 38% + 비언어 55%'라는 공식을 주장했다. 하지만 이후 메러비언은 이 공식이 대화 참여자가 기분이나 감정에 대해 이야기할 때만 적용될 수 있다고 표명하였다. 의사소통에서 언어적 요소와 비언어적 요소가 차지하는 비율을 확정하기는 매우 어렵다. 다만 위의 연구들을 통해 우리가 일상생활에서 간과하기 쉬운 비언어도 메시지를 구성하는 중요한 요소라는 것을 확인할 수 있다."
>
> 출처: 서울대학교 국어교육연구소 편(2014: 1060-1061), 『한국어교육학 사전』, 도서출판 하우

과제

1. 다음 동영상을 본 후, 내용과 준언어적 요소, 비언어적 요소를 분석해 봅시다.

〈한국어 강연 영상〉
- [TV 프로그램] 세상을 바꾸는 시간 15분
- [TV 프로그램] 강연 100도씨

〈외국어 강연 영상〉
- 스티브 잡스(Steve Jobs)의 연설
- 마윈(馬雲)의 연설

제목	
화자	
준언어적 요소와 비언어적 요소	
종합 의견	

제목	
화자	
준언어적 요소와 비언어적 요소	
종합 의견	

1. 빈칸을 채워 봅시다.

> 말하기에서 내용을 전달할 때 목소리 크기, 속도, 휴지, 강세, 억양 등의 ○○○ 자질인 ○○○적 요소와 시선, 자세, ○○, ○○ 등의 비언어적 요소는 상당히 중요하다.

2. 준언어적 요소와 비언어적 요소에 대해 설명해 봅시다.

◆ 비언어적 요소의 다양한 면모 ◆

비언어적 요소는 시선, 자세, 몸짓, 표정 등으로 설명하는 것이 일반적이지만, 이 외에도 옷이나 장신구, 사람 간 거리 등을 비언어적 요소에 포함하기도 한다. 다시 말해 내용 전달에 다양한 요소들이 관여할 수 있다.

학자	유형	내용
해리슨 (Harrison)	행위적 코드 (performance codes)	얼굴 표정, 몸짓 등 신체의 움직임과 목소리의 높고 낮음, 웃음 등의 준언어 코드
	인공적 코드(artificial codes)	옷, 화장, 가구 배치 등 소유물의 인위적 기호
	상황적 코드(contextual codes)	시간적, 공간적 상황에 의한 행위
	매개적 코드(mediatory codes)	커뮤니케이션 매체 내부의 정보를 선택하고 버리는 방법에 관한 기호
냅 (Knapp)	신체 행위	몸짓, 시선, 표정, 자세 등의 신체 움직임
	신체 특성	피부색, 몸매, 매력, 체취 등
	신체 접촉	신체를 만지는 행위
	준언어	목소리 높낮이, 크기, 속도 등
	공간 행위	대인 간의 공간과 영역, 규범에 관한 행위
	인공물	향수, 보석, 옷, 가방, 시계 등 모든 장신구
	환경적 요인	행동이 일어나는 물리적 환경

이 중 공간 행위에 대해 에드워드 홀(Edward T. Hall)은 대화 상대방과의 관계에 따라 공간적 거리가 달라진다고 하였다. 대중 연설을 하는 공적 거리는 3.6m 이상, 낯선 사람과의 사회적 거리는 1.2~3.6m, 지인과의 사적 거리는 46cm~1.2m이다. 반면 서로 친밀한 사이일 때는 15~46cm 안에서 신체적 접촉을 허용한다. 문화권에 따라 구체적인 수치는 달라지겠지만 여기에서 우리가 주목할 점은 상대방과의 친소 관계에 따라 부담을 느끼는 거리 즉 공간이 존재한다는 것이다.

● ● ● **3과** ● ● ●

매체 언어와 의사소통

생각해 보기

1. 아래 그림에 나타난 숫자, 이모티콘 등이 나타내는 의미를 이야기해 봅시다.

이모티콘: 영어 emotion과 icon을 합쳐 만든 말로 '그림말'이라고도 한다. 기호나 그림을 이용해 감정을 표현한다.

2. 아래 매체의 특성에 따라 사용하는 언어의 내용과 형식에 대해 이야기해 봅시다.

학습 목표

1. 매체를 통한 의사소통의 개념과 특성을 이해한다.
2. 매체 언어로 자신이 전달하고자 하는 바를 표현할 수 있다.

• 매체 언어의 등장 •

매체 언어를 이해하기 위해서 매체에 대해 먼저 알아보자. 매체(media)는 라틴어 'medium'에서 유래한 말로 '가운데'를 뜻한다. 즉 매체는 둘 사이에서 양편의 관계를 맺어 주거나 다른 한 편에 무엇인가를 전달하는 모든 수단을 말한다. 그러나 의사소통의 영역에 국한하면 매체는 의미(내용), 즉 메시지를 전달하는 수단이나 도구를 의미한다. 인쇄 매체(신문, 책, 전단지 등), 방송 매체(뉴스, 광고, 드라마 등), 통신 매체(전화, 인터넷 등) 등을 예로 들 수 있다.

매체의 발달로 이메일, 인터넷 게시글과 답글, 문자 메시지, UCC(User Created Contents) 등 매체를 사용하는 것이 일상적인 일이 되면서 과거에는 음성 언어와 문자 언어로 양분되었던 언어에 매체 언어라는 새로운 개념이 추가되었다. 예를 들어 인터넷 게시판에서 문자로 소통하더라도 생산자와 소비자가 지속적으로 상호작용을 한다거나 문자 메시지를 사용할 때 간편하게 소통하기 위해 줄임말을 사용한다거나 문자 외에 말, 소리, 글, 동영상, 그림 등 다양한 양식을 복합적으로 결합하여 표현한다. 이처럼 음성, 문자, 소리, 이미지, 동영상 등 다양한 양식을 복합적으로 사용하는 언어가 종종 등장하는데 이것이 '매체 언어'다.

UCC: UCC는 User Created Contents의 줄인 말로 사용자가 직접 생산하고 제작한 자료를 말한다. 유튜브 사이트에 개인이 제작하여 올린 동영상이 대표적인 예이다.

• 매체 언어의 특성 •

매체 언어는 음성, 문자, 그림 등을 복합적으로 사용하여 표현하는 경향이 있기 때문에 각 양식이 독립적으로 사용되었을 때의 표현 방식, 전달 방식과는 차이가 있다. 예를 들어 음성으로만 윷놀이 규칙을 설명해 주는 것과 직접 윷놀이를 하는 모습을 보여 주는 동영상을 통해 윷놀이 규칙을 설명하는 것은 차이가 있을 것이다.

이처럼 매체 언어는 매체가 지닌 고유한 특성과 매체 언어를 사용하는 목적에 따라 다양하게 나타난다. 예를 들어 TV 뉴스는 새로운 소식을 전하는 방송 프로그램이므로 육하원칙(六何原則)에 따라 '누가, 언제, 어디서, 무엇을, 어떻게, 왜'의 내용을 명료하게 밝히며, 영상과 함께 간결한 격식체를 사용하여 내용을 전달한다. 한편 발표에서 파워포인트를 발표 보조 자료로 사용하는 경우에는 도입, 전개, 종결의 삼단 구조로 내용을 구성하며 그림, 사진, 동영상 등의 시각적인 자료를 제시하는 경우가 많다. 그래서 알아보기 쉬운 큰 글자와 짧은 문구로 내용을 전달한다.

연습

1. 아래 자료는 어떠한 매체에 어울릴지 이야기해 봅시다.

2. 자기소개서를 쓸 때와 자신을 소개하는 UCC를 만들 때 표현 방식이 어떻게 달라지는지 이야기해 봅시다. 매체의 특성으로 인해 나타나는 차이에 대해 이야기해 봅시다.

과제

1. ‘매체 언어’에 대해 발표하기 위해 발표 보조 자료를 만들려고 합니다. 아래 〈자료〉를 바탕으로 1) 중요한 내용을 빠뜨리지 말고, 2) 〈발표용 슬라이드〉에 적합한 언어 표현을 사용하여, 3) 시각적으로 이해하기 쉬운 슬라이드를 만들어 보십시오.

자료

매체 언어를 이해하기 위해서 매체에 대해 먼저 알아보자. 매체(media)는 라틴어 ‘medium’에서 유래한 말로 ‘가운데’를 뜻한다. 즉 매체는 둘 사이에서 양편의 관계를 맺어 주거나 다른 한 편에 무엇인가를 전달하는 모든 수단을 말한다. 그러나 매체를 의사소통의 영역에 국한하면 매체는 의미, 즉 메시지를 전달하는 수단이나 도구를 의미한다. 인쇄 매체(신문, 책, 전단지 등), 방송 매체(뉴스, 광고, 드라마 등), 통신 매체(전화, 인터넷 등) 등을 예로 들 수 있다.

매체의 발달로 이메일, 인터넷 게시글과 답글, 문자 메시지, UCC(User Created Contents) 등 매체를 사용하는 것이 매우 일상적인 생활이 되면서 과거에는 언어가 음성 언어와 문자 언어로 양분되었던 언어의 개념에 매체 언어라는 새로운 개념이 추가되었다. 예를 들어 인터넷 게시판에서 문자로 소통하더라도 생산자와 소비자가 지속적으로 상호작용을 한다거나 문자 메시지를 사용할 때 간편하게 소통하기 위해 줄임말을 사용한다거나 문자 외에 말, 소리, 글, 동영상, 그림 등 다양한 양식을 복합적으로 결합하여 표현한다. 이처럼 매체를 통한 의사소통에는 음성, 문자, 소리, 이미지, 동영상 등 다양한 양식을 복합적으로 사용하는 언어가 종종 등장하는데 이것이 ‘매체 언어’다.

발표용 슬라이드

슬라이드: 발표 보조 자료를 작성하는 프로그램으로는 파워포인트(MS powerpoint), 키노트(Keynote), 프레지(Prezi), 구글 독스(Google Docs), 씽크프리(Thinkfree), 한쇼 등이 있다. 이러한 프로그램을 이용하여 자료를 만들 때 한 쪽, 한 쪽을 슬라이드(Slide)라고 부른다.

2. 아래 주제와 관련된 내용을 소개하는 UCC를 만들어야 하는 상황입니다.

주제

대학 소개	학과 소개	동아리 소개

(1) 누구를 대상으로, 무엇을 주제로 선정할지 생각해 봅시다.

(2) 구체적으로 UCC에 담고 싶은 내용은 무엇인지 생각해 봅시다.

(3) 주제, 대상, 그리고 내용에 적합한 표현은 무엇인지 생각해 봅시다.

(4) '재미'와 '내용'이 공존하는 이야기를 담은 UCC를 만들어 봅시다.

(5) 자막이나 배경 음악을 삽입해도 좋을지 생각해 봅시다.

1. 빈칸을 채워 봅시다.

문자 외에 말, 소리, 글, 동영상, 그림 등 다양한 양식을 복합적으로 결합하여 표현하는 언어를 ○○ ○○라고 한다.

2. 매체 언어의 개념과 특성에 대해 설명해 봅시다.

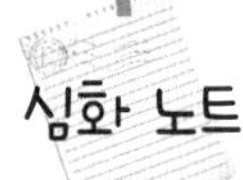

◆ 발표 보조 자료와 관련한 조언 ◆

1. 다양한 발표 보조 자료 제작 프로그램을 알자.

발표 보조 자료는 발표자가 발표 내용을 효과적으로 전달하기 위해 제작하는 자료를 말한다. 예전에는 커다란 종이에 그림을 그리거나 실물을 직접 보여 오거나 OHP(overhead projector), 실물 환등기 등을 사용했다. 정보 기술이 발달하면서 발표 보조 자료를 손쉽게 만들 수 있는 프레젠테이션 제작 프로그램이 널리 쓰이게 되었다. 가장 널리 사용하는 프로그램은 마이크로소프트(Microsoft)사의 파워포인트(Powerpoint)이다. 윈도 운영 체제에서 가장 안정적으로 사용할 수 있으며, 다양한 템플릿(template)을 사용하여 디자인할 수 있으며, 그림, 사진, 동영상, 소리 등을 삽입할 수 있다는 특징이 있다. 최근 주목을 받기 시작한 프레지(Prezi)는 한 개의 커다란 도화지 위에 내용을 적절히 배치한 후, 줌인(Zoom in)과 줌아웃(Zoom out)을 통해 내용을 시각적으로 자연스럽게 연결하여 제시한다는 특징이 있다. 키노트(Keynote)는 맥킨토시(Macintosh) 환경에서만 안정적으로 사용할 수 있다는 단점이 있으나 장면 전환 등에서 멀티미디어적 요소가 강하다. 이 외에도 온라인상에서 여러 명이 동시에 자료를 작성할 수 있는 독스(Docs), 동적 스토리텔링이 가능한 스웨이(Sway), 커다란 대화형 포스터를 만들 수 있는 글로그스터(Glogster) 등이 있다. 컴퓨터뿐만 아니라 모바일 기기에서의 프레젠테이션 자료 제작과 활용에 대한 요구가 높아지면서 새로운 프레젠테이션 제작 프로그램이 개발되고 있으므로 지속적인 관심을 기울일 필요가 있다.

2. 대비책을 마련하자.

위의 프로그램들을 사용하여 발표 보조 자료를 아무리 훌륭하게 만들었다고 하여도 발표 당일에 파일, 연결 기기 등에 문제가 생기면 준비한 자료를 사용할 수 없다. 그럴 경우를 대비하여 항상 여러 종류의 장치에 파일을 저장해야 한다. 파일을 USB 장치에도 저장하고 자신의 메일로도 보내 놓자. 디지털화된 자료 외에 인쇄된 자료도 미리 준비해 둔다. 즉 발표 보조 자료를 출력해 두어 청중들에게 배포할 수 있는 유인물의 형태로도 준비하도록 한다.

4과 발표의 이해

5과 발표의 도입부

6과 발표의 종결부

발표의 기초

4과

발표의 이해

생각해 보기

1. 대학 수업에서 이루어지는 발표의 목적과 내용은 무엇입니까?

2. 발표에서 특별히 고려해야 하는 점은 무엇입니까?

3. 훌륭한 발표자의 조건은 무엇인지 이야기해 봅시다.

"격식적 상황에 맞는 내용과 형식을 갖추어야 해요. 발표할 때 친구랑 수다 떠는 것처럼 말하면 별로예요."

"상대방의 눈을 바라보며 정확한 발음으로 이야기해야 합니다."

"발표 시간을 잘 지켜야 합니다."

"발표 목적과 내용이 명확해야 해요. 발표자가 왜 저런 내용을 말하는지 이해되지 않을 때 그 발표를 듣고 싶지 않거든요."

학습목표

1. 발표의 개념을 이해한다.
2. 발표를 준비하는 절차를 파악한다.
3. 발표의 구조와 전개 방식을 이해한다.

• 발표의 개념 •

발표란 한 명 또는 두 명 이상의 발표자가 전하고 싶은 내용을 청중에게 전달하는 격식적인 말하기이다. 대학에서의 발표는 전문가의 연설과는 달리 발표자와 청중이 강의의 주제와 관련된 내용에 대해 비슷한 수준의 지식과 경험을 갖춘 상황에서 이루어진다. 그러므로 발표자와 청중은 모두의 지식을 함양하고자 하는 발표의 목적을 인식하고 그 목적을 이루기 위해 함께 노력해야 한다는 의식을 가져야 한다.

※ 여러분의 발표 경험에 대해서 이야기해 봅시다.

- 여러분은 발표를 해본 적이 있습니까?
- 발표 준비는 어떻게 했습니까?

• 발표의 준비 절차 •

발표 준비는 일반적으로 다음과 같은 절차를 거친다.

주제 정하기	청중 확인 및 분석 → 주제 선정 → 발표 목적 설정
내용 만들기	자료 수집 → 내용 구성 → 원고 작성 → 보조 자료 작성
사선 연습하기	예행 연습

(1) 주제 정하기

발표를 앞두었을 때 우선적으로 해야 할 일은 청중을 확인하고 분석하는 일이다. 청중의 수, 지식 정도, 사회·문화적 배경, 주제에 대한 입장, 주제와의 관련성 정도를 파악해야 한다. 청중 분석을 바탕으로 발표 주제에 대한 접근 방법을 결정하고, 발표의 목적과 주제의 범위를 선정한다. 이 단계에서는 주어진 경계 안에서 실제적이며 구체적인 주제를 확정해야 한다. 한국 사회를 다루는 교양 강좌에서 한국 사회 문제와 관련된 내용을 발표하라는 과제를 부여받았다면 그 주제가 한국 사회 문제 전부가 되어서는 곤란하다. 고령화 사회, 저출산 현상, 사교육 문제, 주택 문제, 청년 실업 문제 등의 다양한 문제 중에서 하나를 선택한 후, 주제 범위를 좁혀 나가야 구체적인 발표 주제를 정할 수 있다.

다음으로 발표의 목적도 반드시 설정해야 한다. 대학에서의 발표는 청자의 생각이나 태도를 바꾸기 위한 설득적 말하기도 이루어지지만, 대개 자신이 조사한 정보를 전달하는 설명적 말하기가 이루어진다. 그러나 이것은 1차적인 목적이고, 발표자가 이번 발표를 통해 성취하고자 하는 2차 또는 3차 목적이 존재한다. 예를 들어 안락사에 대해 발표한다고 가정할 때, '안락사의 개념만은 청중들이 확실히 이해하도록 잘 설명하겠다.'거나 '안락사에 대한 찬성과 반대 입장의 논점을 비교·대조하여 설명하겠다.' 등의 목적을 구체적으로 설정할 수 있다.

(2) 내용 만들기

주제와 목적이 확정된 후 발표자가 할 일은 자료를 수집하고 내용을 구성하는 일이다. 자료 수집은 발표 내용을 구성하는 기초가 되기 때문에 매우 중요하다. 우선 주제와 관련된 다양하고 풍부한 자료를 수집하고, 이 가운데 발표자가 말하고자 하는 바와 밀접하게 관련된 자료를 선택한다. 이때에는 자료의 출처는 분명한지, 자료는 믿을 만한지, 자료가 사실과 일치하는지, 자료가 주제를 뒷받침하는지, 자료가 합리적이고 공정한지 등을 고려해야 한다. 특히 신뢰할 수 없는 인터넷 사용자가 올린 개인적인 의견을 인용하거나 다른 사람의 리포트를 주요 자료로 선정하여 그대로 인용하는 것은 피하도록 한다. 대체적으로 문헌 자료를 수집하지만 국가 기관이나 관련 전문 기관에서 수집한 통계 자료뿐만 아니라 본인이 직접 실시한 설문 조사, 본인의 경험 등도 훌륭한 자료가 될 수 있다.

발표 내용 구성은 도입(서론), 전개(본론), 종결(결론)의 순서로 구성하는 것이 일반적이다. 도입, 전개, 종결의 각 단계에 맞게 내용을 조직해야 한다. 그리고 전개 단계에서 주제에 부합하는 핵심 내용을 전개할 틀을 정하여 체계적으로 배열해야 한다. 이때 주제에 대해 막연하고 광범위하게 접근하기보다는 주제를 구체적이며 상세하게 다룰 필요가 있다. 그리고 대학에서의 발표는 특히 주제와 관련된 문제에 대해 날카롭게 지적하거나, 전달하고자 하는 내용을 논리적으로 구성하거나, 새로운 아이디어나 관점을 제시하는 것이 좋다. 이때에는 우선 개요를 작성해 본 후, 내용 구성이 논리적인지를 따져가며 내용을 구성하는 것도 효과적이다.

다음에는, 발표할 때 참고할 원고를 작성해야 한다. 이때 주의할 점은 발표 시간을 확인하는 것이다. 또한 발표할 장소와 환경을 점검하고 청중의 이해를 도울 수 있는 보조 자료를 파워포인트, 프레지(prezi), 실물 자료, 사진 자료 등에서 선택하여 준비한다.

(3) 사전 연습하기

많은 사람들 앞에서 혼자 무언가를 말하는 것은 대부분의 사람들에게 부담스러운 일이다. 발표자가 준비한 내용을 잘 전달하기 위해서는 긴장감을 줄일 필요가 있다. 이를 위한 효과적인 방법이 바로 사전에 발표를 연습하는 것이다. 거울을 보면서 연습하거나 자신의 모습을 동영상으로 촬영하여 점검하는 것도 효과적이다.

• 발표 구조와 전개 방식 •

발표는 일반적으로 도입부, 전개부, 종결부로 구성된다. 도입부에서는 발표 주제와 순서에 대해 알리며, 전개부에서는 주제와 관련된 핵심적인 내용을 전달하며, 종결부에서는 발표를 마무리한다.

전개부에서는 발표 주제에 대해 도출한 결론을 타당화하기 위하여 핵심적인 내용을 논리적으로 제시한다. 내용은 주제, 목적, 청중 특성에 따라 다양한 방식으로 구성할 수 있다. 구체적으로는 소주제별로 제시하는 방식, 공간의 구분에 따라 내용을 제시하는 방식, 시간의 흐름에 따라 내용을 전개하는 방식, 원인과 결과의 순서로 내용을 전개하는 방식, 문제를 제시하고 이에 따른 해결 방안을 제시하는 방식 등을 사용할 수 있다. 예를 들어 '집'을 소재로 발표하는 경우 세부 주제에 따라 다양한 전개 방식이 가능하다. '주택의 기능'은 소주제별 전개 방식으로, '아파트 평면도의 구조'는 공간의 구분에 따른 전개 방식으로, '주거 주택의 변천사'는 시간의 흐름에 따른 전개 방식으로, '기후가 주거 공간에 미치는 영향'은 원인-결과에 따른 전개 방식으로, '도시 주택 문제'는 문제-해결의 전개 방식으로 구성할 수 있다.

(1) 소주제별 전개 방식

준언어적 요소

1. 준언어적 요소의 개념
2. 준언어적 요소의 종류
   (1) 발화 크기
   (2) 발화 속도
   (3) 억양
   (4) 강세
3. 준언어적 요소의 의의

(2) 공간의 구분에 따른 전개 방식

컴퓨터의 구조

1. 본체
2. 모니터
3. 자판
4. 마우스

(3) 시간의 흐름에 따른 전개 방식

로봇 기술의 발달

1. 1920년대: 카렐 차베크의 소설에 '로봇' 명칭 최초 등장
2. 1960년대: 일본 유니메이트사에서 산업용 로봇을 최초로 개발
3. 1980년대: 대량 생산을 위한 다수의 산업용 로봇 개발
4. 1990년대: 비제조업용 로봇, 즉 서비스 로봇 연구 활성화

(4) 원인–결과에 따른 전개 방식

고령화 사회

1. 고령화 사회의 개념
2. 고령화 사회의 원인
3. 고령화 사회의 예상 결과

(5) 문제–해결의 전개 방식

청년 실업 문제

1. 청년 실업의 실태
2. 청년 실업으로 인한 문제들
3. 청년 실업을 야기하는 원인
4. 청년 실업 문제를 해결하기 위한 방안

※ 아래 발표 개요를 보고 이야기해 봅시다.

언어의 특성

1. 언어의 자의성
   ☞ 언어의 의미와 기호/말소리 사이에 필연적 관계가 없음.
   ☞ 한국어의 '집', 영어의 'House'
2. 언어의 역사성
   ☞ 시간의 흐름에 따라 의미, 소리, 문법 등에 변화가 생김.
3. 언어의 사회성
   ☞ 언어 규범은 사회적 약속으로 개인이 마음대로 바꿀 수 없음.

1. 위의 개요는 어떠한 전개 방식을 취하고 있습니까?

2. 언어의 특징을 설명하는 데 이 외에 다른 효과적인 전개 방식이 있습니까? 있다면 어떤 방식이 효과적인지 이야기해 봅시다.

과제

※ 아래 주제별에 대해 가장 효과적인 내용 전개 방식이 무엇인지 이야기해 봅시다.

주제	전개 방식
☑ 자동차 산업의 발달 과정	
☑ 공간별 가구 배치 방법	
☑ 환경 문제 해결을 위한 국제 협력 방안	
☑ 시장 점유율 감소 원인과 대책	
☑ 유전자 조작 문제에 대한 논쟁	

1. 빈칸을 채워 봅시다.

> 발표 준비는 일반적으로 ○○ 확인 및 분석 ⇨ 주제 선정 ⇨ 발표 ○○ 설정 ⇨ 자료 수집 ⇨ ○○ ○○ ⇨ 원고 작성 ⇨ ○○ ○○ 작성 ⇨ 예행 연습의 절차를 거친다.

2. 발표의 구조와 전개 방식에 대해 설명해 봅시다.

◆ 발음 연습 ◆

화자의 발음이 정확해야 청자가 화자에게 집중할 수 있으며 내용을 쉽게 이해할 수 있다. 외국인들이 혼동을 일으키는 대표적인 모음과 자음, 발음 변동은 아래와 같다.

(1) [ㅓ]와 [ㅗ]

거기/고기　　서다/소다　　어이/오이　　서기/소기

(2) [ㅣ]와 [ㅢ]

기린　그림　기름　의자[의자]　의사[의사]　예의[예의/예이]　무늬[무니]

(3) 평음, 격음, 경음

고기/코/꼬리　　공기/콩알/꽁보리
보름달/하회탈/막내딸　　지갑/치약/찌개　밥
바지/파리/아빠　　벼/펴/뼈

(4) 받침 [ㄴ], [ㅇ]

산새　　상상　　잔치　　장난　　단감　　당첨

(5) 연음화

받침 다음에 모음으로 시작되는 조사나 어미가 오는 경우 받침이 다음의 첫소리로 발음된다.

밥을[바블] ○　[밥뻘] ×
책이[채기]　　닫아[다다]　　앉아[안자]　　읽어[일거]

(6) 비음화

비음이 아닌 소리 'ㄱ(ㄲ, ㅋ, ㄳ, ㄺ), ㄷ(ㅅ, ㅆ, ㅈ, ㅊ, ㅌ, ㅎ), ㅂ(ㅍ, ㄼ, ㄿ, ㅄ)'은 'ㄴ, ㅁ' 앞에서 [ㅇ, ㄴ, ㅁ]으로 발음한다.

먹는[멍는]　　국물[궁물]　　깎는[깡는]
긁는[긍는]　　몫몫을[몽목쓸]　있는[인는]　　맞는[만는]

꽃망울[꼰망울]　쫓는[쫀는]　붙는[분는]
놓는[논는]　잡는[잠는]　밥물[밤물]　앞마당[암마당]
밟는[밤는]　없는[엄는]

받침 'ㅁ, ㅇ' 뒤에 'ㄹ'은 [ㄴ]으로 발음한다.

담력[담녁]　침략[침냑]　승리[승니]　종로[종노]

받침 'ㄱ, ㅂ' 뒤에 'ㄹ'도 [ㄴ]으로 발음한다.

막론[막논→망논]　백 리[백니→뱅니]　십 리[십니→심니]　협력[협녁→혐녁]

나도 도전!

※ 발음에 유의하면서 큰 소리로 정확하고 유창하게 읽어 봅시다.

1단계

(1) 내가 그린 그림은 키가 큰 기린 그림, 네가 그린 그림은 키가 작은 기린 그림
(2) 뜰에 키우는 돼지는 뚱뚱하고, 들에 사는 토끼는 통통합니다.
(3) 새로 산 신발은 싸구려 천이 아니고, 새로 사지 않은 신은 싸구려 천이다.
(4) 준홍이는 잠을 자고, 종훈이는 산에 가요.

2단계

백 리 길을 마다하지 않고 강릉으로 피서를 갔는데, 여행 내내 비가 와서 사람 없는 펜션에서 시간을 보냈다. 앞마당에 풀어놓은 병아리를 쫓는 강아지를 구경하기도 하고, 풀 깎는 펜션 주인을 구경하기도 하고, 우유를 할짝거리며 먹는 고양이를 구경하기도 했다. 식사는 대부분 라면을 끓여 먹었다. 밥물을 조절하지 못해 그랬는데, 어찌나 맛있던지 국물 한 방울까지 남기지 않고 먹었다.

5과

발표의 도입부

생각해 보기

1. '물을 절약하는 방법'에 대한 발표를 시작하려고 하는데 어떻게 말하면 좋을지 이야기해 봅시다.

2. 아래의 슬라이드를 이용하여 발표해 보십시오.

물을 절약하는 방법

학과: 전자공학과
학번: 201409178
성명: 한빙

차례

I. 물의 중요성
II. 심각한 물 부족 현상
III. 물 절약을 위한 생활 수칙
– 샤워 시간 줄이기
– 물 받아 사용하기
– 세제 조금 사용하기

학습목표

1. 발표의 도입부에 포함해야 할 내용을 안다.
2. 발표를 시작할 때 자주 사용하는 표현을 적절하게 사용한다.

• 발표의 도입부 •

발표는 대개의 경우 도입부 → 전개부 → 종결부로 구성한다. 발표의 도입부에서는 발표의 핵심적인 내용을 이야기하기 전에 우선 인사를 하고 자기소개를 한다. 그리고 듣는 사람의 관심을 끌 수 있는 말을 통해 무슨 주제를 다룰지를 밝히고 어떻게 전개해 나갈지 발표 순서를 제시한다. 무엇보다도 준비된 내용을 말하는 발표에서는 화제의 단위가 대화보다 길기 때문에 듣는 사람이 내용에 집중하고 잘 따라오도록 하는 것이 중요하다. 도입부는 다음과 같은 순서로 진행된다.

도입부: 순서

인사 ➡ 자기소개 ➡ 주제 제시 ➡ 발표의 목적 및 주제 선정의 이유 ➡ 발표 순서

보기

인사말	안녕하십니까?
자기소개	저는 전자공학과 16학번 ○○○입니다.
주제 제시	저는 오늘 '물을 절약하는 방법'에 대해서 말씀드리려고 합니다.
발표의 목적, 주제 선정의 이유	저희 동네에 유명한 계곡이 있는데 요즘 말라 있습니다. 그래서 물이 없다면 어떻게 될까 생각하게 되어 '물을 절약하는 방법'을 발표 주제로 선정하였습니다.
발표 순서	오늘 발표는 우선 물의 중요성, 다음으로 심각한 물 부족 현상, 마지막으로 물 절약을 위한 생활 수칙으로 샤워 시간 줄이기, 물 받아 사용하기, 세제 조금 사용하기를 이야기하고자 합니다.

(1) 인사 및 자기소개하기

발표를 듣는 청중은 발표하는 사람이 누구인지도 궁금해하기 마련이다. 발표를 시작하기에 앞서 자신을 소개하는 것이 좋다. 이때 소속학과 또는 전공, 학번까지 덧붙여 밝히는 것이 좋다. 아래의 유용한 표현은 자신을 소개할 때 많이 사용하는 표현이다.

유용한 표현

- 안녕하세요/안녕하십니까?
- 저는 오늘 발표를 맡은 ~학과 ~학번 ~입니다.

다음의 예시를 통해 자세히 살펴보자.

[예시 1]

안녕하세요? 여러분, 제 이름은 마금영이고요. 16학번 새내기입니다.

[예시 1]은 청중과의 친밀도를 높이기 위해 격식체 '-습니다' 대신에 비격식체 '-아/어요'를 적절히 혼용하여 말하고 있다. 자신을 소개할 때에는 청중이 발표자의 이름을 잘 인지할 수 있도록 한 글자씩 힘주어 '마/금/영'이라고 끊어서 발음하는 것도 효과적이다.

[예시 2]

안녕하십니까? 여러분 중 저를 아는 분도 계시겠지만 다시 한번 소개하겠습니다. 저는 오늘 발표를 맡은 사회학과 17학번 강인문입니다.

[예시 2]와 같이 청중 중에서 발표자를 아는 사람이 있는 경우, '저를 아시는 분도 계시겠지만'이라는 말로 발표자를 모르는 사람을 위해 자신의 이름을 밝힌다는 사실을 암시하는 것도 좋다.

(2) 주제 제시하기

발표를 시작할 때 주제에 대해 청중의 주의를 끌면 청중이 발표 내용에 더 집중하게 된다. 청중의 주의를 끌기 위해 사용할 수 있는 방법으로는 흥미로운 일화 소개, 청중의 호기심을 유발하는 질문 제시, 유명한 말이나 속담 인용, 주제와 관련한 보조 자료 제시 등이 있다. 아래의 유용한 표현은 주제를 제시할 때 많이 사용되는 표현들이다.

유용한 표현

- 저는 오늘 ~에 대해서 발표하고자 합니다.
- 제가 이야기하려는 것은 ~입니다.
- 오늘의 발표 주제는 ~입니다.

다음의 예시를 통해 주제를 각각 어떤 방법으로 제시했는지 살펴보자.

[예시 1]

제 주변에서 누가 새로 나온 제품을 사면 저는 궁금해서 이것저것 물어보다가 결국 사게 되는데요. 혹시 여러분 중 저처럼 새로운 물건에 관심이 많은 분, 신제품을 주로 사시는 분들이 계십니까? 손 한 번 들어 보실까요? 생각보다 많군요. 40% 정도가 손을 들어 주셨습니다. 제가 오늘 이야기하려고 하는 것이 바로 현대인의 소비 심리에 관한 것입니다.

[예시 1]은 '현대인의 소비 심리 분석'에 관한 발표이다. 발표자는 주제를 직접적으로 말하기 전에 자신의 소비 경향을 이야기한 후, 청중에게도 이와 같은 경험이 있는지를 묻는다. 이처럼 청중의 참여를 유도하여 주제에 대한 관심을 끌 수 있다.

[예시 2]

최근 3D 프린팅 기술이 어떻게 활용되고 있는지 알고 계십니까? 개인의 귀 모양을 본떠 만든 보청기라든가, 안면 기형을 갖고 태어난 아이가 3D 프린터 덕분에 제 얼굴을 되찾게 되었다는 이야기를 들으셨을 것입니다. 오늘 발표 주제는 바로 이 3D 프린팅 기술의 발전 현황과 전망에 대한 것입니다.

[예시 2]의 발표 주제는 3D 프린터 기술의 현황과 발전 전망이다. 주제가 전문적이어서 청중에게 어려울 수도 있다. 그래서 발표자는 생활 속에서 볼 수 있는 구체적인 활용 사례를 제시한다. 이처럼 신기술과 같이 전문적인 내용이나 청중에게 생소한 내용에 대해 말할 때는 생활 속 실제 사례를 제시하면 청중이 이를 쉽게 받아들일 수 있다.

[예시 3]

통계청과 교육부가 전국 1,094개 초중등학교 학부모와 학생 7만 8,000명을 대상으로 조사한 2013년 사교육비 의식 조사 결과에 따르면 사교육비 총규모는 18조 5,960억 원으로 나타났는데요. 이것은 우리나라 국내 총생산의 2%에 해당하는 것으로 선진국 0.5%의 4배나 됩니다. 이에 오늘 한국의 사교육 문제와 그에 따른 해결 방안을 제시해 보도록 하겠습니다.

[예시 3]은 한국의 사교육 문제와 해결 방안에 관한 것으로 주제와 관련된 통계 수치를 구체적으로 제시하여 자연스럽게 주제를 도입하였다. 발표자가 통계 자료를 제시하면 청중은 객관적이고 구체적인 정보를 얻게 되어 발표 내용을 신뢰할 수 있다.

(3) 발표 목적 및 주제 선정 이유 밝히기

발표의 도입부에서는 발표 목적을 밝히는 것이 좋다. 청중에게 정보를 전달하려는 것인지(정보 전달 목적 발표) 청중의 태도나 생각을 변화시키고자 하려는 것인지(설득 목적 발표) 드러나도록 한다. 또한 발표를 통해 기대하는 효과나 결과, 주제를 선정하게 된 배경을 구체적으로 설명하여 청중이 발표의 필요성에 대해 공감하고 발표의 방향을 이해하도록 한다. 발표 목적 및 주제 선정 이유를 밝히는 순서는 주제를 제시한 후에도, 주제를 제시하기 전에도 모두 가능하다.

아래의 유용한 표현은 발표의 목적과 주제 선정 이유를 제시할 때 많이 사용되는 표현들이다.

유용한 표현

- 제가 이 주제를 발표하게 된 배경은 ~입니다.
- 여러분과 함께 ~의 현황을 살펴본 후, ~이/가 나아갈 방향을 논의하고자 합니다.
- 설문 조사를 통해 ~의 실태를 알아보고자 하였습니다. ~을/를 중심으로 차근차근 설명드리겠습니다.
- 최근 들어 ~의 문제가 심각해졌기 때문에 이 자리에서 여러분들과 함께 논의할 필요가 있다고 생각해서 ~을/를 발표 주제로 선정하게 되었습니다.

발표의 목적과 주제 선정 이유를 어떻게 밝히는지 다음의 예시 자료들을 통해 상세히 살펴보자.

[예시 1]

농약과 비료의 사용으로 농작물의 생산량은 해마다 증가하고 있고 품질도 날로 좋아지고 있습니다. 하지만 농약과 비료를 과다하게 사용하여 토양, 공기, 지하수, 생물을 오염시키는 등 문제가 심각해졌기 때문에 이를 논의할 필요가 있다고 생각해서 주제로 선정하게 되었습니다.

[예시 1]의 발표는 농약과 비료 사용의 피해에 관한 것이다. 농약과 비료의 지나친 사용으로 인한 부작용이 심각해 이를 발표 주제로 선정하였다고 밝히고 있다. 즉 발표자는 청중들의 경각심을 일깨워 청중이 발표를 들어야 하는 필요성을 강조하고 있다.

[예시 2]

이 주제를 발표하게 된 배경은 교육 방식의 차이로 많은 외국인 학생들이 대학 과정에서 많은 어려움을 겪고 있는 것을 목격해 왔기 때문입니다. 그래서 우리 학교에 재학 중인 외국인 학생을 대상으로 설문 조사를 실시하여 외국인 학생들이 겪는 학습의 어려움은 무엇인지, 그리고 어떤 과목을 개설하면 좋을지에 대해 알아보고자 하였습니다.

[예시 2]는 외국인 유학생이 겪는 학업 수행의 문제점과 해결책을 주제로 하고 있다. 발표자는 유학생들이 유학 생활 중 겪는 어려움을 조사하기 위하여 설문 조사를 실시했다고 밝히고 있다. 발표자가 일상 속에서 관찰한 것이 발표 주제로 연결되었고 이것이 주제 선정의 이유가 되었다는 것을 알 수 있다. 이 발표의 목적은 설문 조사 결과를 분석하고 분석 결과를 설명하는 것이다.

[예시 3]

스마트폰이 보급되면서 손쉽게 정보를 기록하고 언제 어디서나 인식할 수 있는 QR코드 서비스 활용이 늘어나고 있습니다. 그런데 이 QR코드에 대한 정확한 이해가 부족하기 때문에 이번 발표에서는 QR코드의 의미와 활용 방법에 대해서 설명드리겠습니다.

[예시 3]의 발표는 QR코드의 개념과 활용 방법에 대한 것이다. 스마트폰이 보급되면서 QR코드 서비스 활용이 늘어나고 있지만 사람들이 잘 이해하지 못하고 있는 현실을 지적하며 주제 선정의 이유를 밝히고 있다. 또한 QR코드란 무엇인지 그리고 이를 어떻게 활용하는지를 설명하는 것이 발표의 목적임을 밝혔다.

(4) 발표 순서 제시하기

앞서 청중의 관심을 끌었다면 어떤 순서로 발표를 진행할지를 밝혀야 한다. 발표 순서인 목차 구성은 주제, 목적, 청중 특성에 따라 소주제별, 시간별, 공간별로 제시하거나 문제를 제시하고 이에 따른 해결 방안을 제시하는 방법 등을 사용할 수 있다(4과 내용 참조). 아래는 이때 사용할 수 있는 유용한 표현들과 참고할 만한 예시 자료들이다.

유용한 표현

- 발표 순서는 다음과 같습니다. 첫째~, 둘째~, 마지막으로 ~을/를 말씀드리겠습니다.
- 저는 크게 세 부분으로 나누어서 이야기하겠습니다.
- 오늘 발표는 먼저 ~, 다음으로 ~, 마지막으로 ~의 순서로 진행됩니다.

[예시 1]

오늘 발표는 먼저 카렐 차베크의 소설에 '로봇'이라는 명칭이 최초로 등장한 1920년대, 다음으로는 일본 유니메이트사에서 산업용 로봇을 최초로 개발한 1960년대, 그 다음으로는 대량 생산을 위한 다수의 산업용 로봇 개발이 이루어진 1980년대, 마지막으로 산업용 로봇 외에 비제조업용 로봇, 즉 서비스 로봇 연구의 활성화가 이루어진 1990년대의 순서로 해서 로봇 기술의 발달을 살펴보도록 하겠습니다.

[예시 1]은 로봇 기술의 발달에 관한 것이다. 이처럼 시대적 변화를 다루는 발표의 경우에는 시간의 흐름에 따라 순서대로 내용을 구성하는 것이 효과적이다.

[예시 2]

컴퓨터의 구조에 대해서 자세히 알아보도록 하겠습니다. 발표 순서는 다음과 같습니다. 첫째, 컴퓨터의 본체, 둘째, 컴퓨터의 모니터, 셋째, 컴퓨터의 자판, 마지막으로 마우스에 대해서 설명드리겠습니다.

[예시 2]는 컴퓨터의 구조에 관한 것이다. 컴퓨터 구조를 설명하기 위해 공간적 구분에 따라 내용을 제시하는 방식을 사용하고 있다. 대상의 구조를 설명하는 발표인 경우에는 공간적 구분에 따라 내용을 전개하는 것이 좋다.

[예시 3]

오늘 제가 말씀드리고자 하는 것은 고령화 사회에 대한 것입니다. 저는 이에 대해 크게 세 부분으로 나누어서 이야기하겠습니다. 먼저 한 사회가 고령화되면서 나타나는 문제점 그리고 이러한 문제를 일으키는 원인들, 마지막으로 이를 해결하기 위한 방안에 대해서 제시하겠습니다.

[예시 3]은 문제-해결 방식을 취하고 있다. 고령화 사회의 문제를 논의한 후, 원인을 찾아 이를 해결하는 방안을 제시하고 있다. 이렇게 도입에서 발표 순서, 즉 본론의 구조를 밝히면 청중이 발표의 흐름을 이해하기 쉽다.

연습

※ 발표를 시작할 때 주로 사용하는 표현을 사용하여 말해 봅시다.

환경 오염
인사 및 자기소개하기
발표 목적 및 주제 선정 이유
도시에서 나오는 쓰레기를 더 이상 매립할 곳이 없다고 한다.
주제 제시하기
발표 순서 제시하기
Ⅰ. 환경 오염의 유형 Ⅱ. 환경 오염의 영향 Ⅲ. 환경 오염 방지 대책

청년 실업 문제
인사 및 자기소개하기
주제 제시하기
발표 목적 및 주제 선정 이유
청년 실업 문제가 사회 문제로 대두되고 있지만 정작 청년들은 객관적인 관점에서의 정보가 부족하다.
발표 순서 제시하기
Ⅰ. 청년 실업의 실태 Ⅱ. 청년 실업으로 인한 사회적 문제 Ⅲ. 청년 실업 문제의 원인 분석 Ⅳ. 청년 실업 문제를 해결하기 위한 방안

과제

※ 다음은 '컴퓨터 바이러스 예방법'과 '미세 먼지 오염에 대한 연구' 발표 슬라이드입니다. 슬라이드를 보고 내용 전개 방식을 확인한 후 도입 부분의 내용을 구성한 후 이를 발표해 보십시오.

1. 컴퓨터 바이러스 예방법

컴퓨터 바이러스와 예방법에 관하여

교과목명: 한국어 화법과 예절
담당교수: 전기공학과
소　　속: 전기공학과
성　　명: 엉흐반체첵

목차

바이러스 소개
- 바이러스란 무엇인가
- 누가 바이러스를 창조했는가
- 사람들은 왜 바이러스를 만드는가

컴퓨터 바이러스의 예방법
- 백신 프로그램 설치
- 정품 프로그램 사용
- 정기적 백업 시행

2. 미세 먼지 오염에 대한 연구

중국의
미세 먼지 오염에 대한 연구

사회과학계열
2014010101
알렉산드리아

〈목차〉

1. 미세 먼지의 정의
2. 미세 먼지로 인한 문제
3. 미세 먼지 발생 원인
   1) 자연적 원인
   2) 인공적 원인
4. 미세 먼지 예방 방법

1. 빈칸을 채워 봅시다.

발표의 도입부는 인사말 ⇨ ○○○○ ⇨ ○○ 제시 ⇨ 발표 목적 및 주제 선정의 이유 ⇨ ○○ ○○로 구성된다.

2. 발표 도입부의 절차에 대해 설명해 봅시다.

◆ 칭호 1 ◆

칭호는 호칭과 지칭을 통틀어 가리킬 때 쓰는 표현으로 호칭이란 화자가 어떤 사람을 직접 부르는 말이고, 지칭이란 어떤 사람을 다른 사람에게 말할 때 가리키는 말이다. 한국어에서는 대상이 같아도 상황에 따라 그 대상을 여러 가지로 부르기 때문에 한국 사람들조차 때때로 어려움을 겪는다. 여러분이 대학에서 만나게 될 여러 사람들의 칭호에 대해 알아보자.

• 학우 간 칭호

지칭(관계)	호칭	지칭(관계)	호칭	지칭(관계)	호칭
선배	선배님 선배 형/오빠 누나/언니	동기	○○ 씨 ○○아/야	후배	후배 ○○아/야

• 학우(A)의 부모님(B)에 대한 칭호

		아버지	어머니
B를 직접 부르는 호칭		○○(친구) 아버지, 아버님, ○○(친구) 아버님, 어르신, 아저씨	아줌마, ○○(지역) 아줌마, 어머님, ○○(친구) 어머님, ○○(친구) 어머니, 어르신, 아주머니
지칭	당사자(B) 에게	○○(친구) 아버지, 아버님, ○○(친구) 아버님, 어르신, 아저씨	어머님, ○○(친구) 어머님, ○○(친구) 어머니, 어르신, 아주머니
	해당 친구(A) 에게	아버님, 아버지, 아빠, 어르신, 부친, 춘부장	어머님, 어머니, 엄마, 어르신, 모친, 자당

• 다양한 상황에서의 칭호를 확인하려면 국립국어원의 '표준 언어 예절'을 참고하세요. http://www.korean.go.kr/EventZone/e_book/st_lang_home_blank/book.htm

6과

발표의 종결부

생각해 보기

1. '물을 절약하는 방법'에 관한 발표를 끝내려고 합니다. 무엇을 말하면 좋을지 이야기해 봅시다.

2. 아래의 슬라이드를 참고하여 종결 부분을 발표해 봅시다.

요약 물 부족 사태 ⇨ 물의 중요성 물을 절약하기 위한 방법 • 샤워 시간 줄이기 • 물 받아 사용하기 • 세제 조금 사용하기	물 절약의 생활화 • 관심과 의지가 필요함 • 다양한 실천 방안 탐구

학습목표

1. 발표의 종결 부분에서 필요한 기능을 수행한다.
2. 발표의 종결 부분에서 자주 사용하는 표현을 적절하게 사용한다.

• 발표의 종결부 •

발표를 마무리하는 단계에서는 본론에서 전달한 내용을 종합적으로 요약하거나 앞의 내용을 반복하게 된다. 종결 부분에서는 주제를 다시 한 번 정리하여 결론을 제시함으로써 청중에게 말하고자 하는 바를 강하게 인식시켜야 한다. 종결 부분은 다음과 같은 순서로 진행된다.

종결 부분: 순서

요약 ➡ 결론 ➡ 질의응답 ➡ 인사

보기

요약	지금까지의 내용을 요약하면, 물 부족 사태와 물의 중요성을 논의한 후, 물 절약을 위해 생활에서 실천할 수 있는 수칙 세 가지를 제안하였습니다. 그것은 첫째 샤워 시간 줄이기, 둘째 물 받아 사용하기, 셋째 세제 조금 사용하기입니다.
결론	결론적으로 우리가 물 부족에 대한 관심과 이를 극복할 수 있는 의지를 가지고 있다면 앞에서 말씀드린 세 가지 생활 수칙 외에도 물을 절약하는 방법을 찾아 실천할 수 있다고 봅니다. 함께 노력합시다! 이쯤에서 발표를 마무리하고자 합니다.
질의응답	질문 있으십니까? (중략) 네, 좋은 질문 감사합니다. (중략) 충분한 답이 되었습니까?
인사	이상으로 발표를 마치겠습니다. 경청해 주셔서 감사합니다.

(1) 요약하기

청중에게 본론의 내용을 마쳤음을 알리는 단계로 본론의 내용을 요약해 줌으로써 주제와 목적을 재확인하는 역할을 한다. 이와 관련된 유용한 표현들은 다음과 같다.

유용한 표현

발표 마무리 알리기	• 지금까지(이상으로) ~에 대해서 말씀드렸습니다. • 저는 오늘 ~와/과 ~에 대해서 살펴보았습니다.
발표 요약하기	• 지금까지의 내용을 정리하면/요약하면/종합하면, ~.

발표의 종결부 첫 단계인 '요약하기' 예시들을 살펴보자.

[예시 1]

저는 오늘 스트레스의 대처 방안에 대해서 살펴보았습니다. 이상의 내용을 정리하면 먼저 스트레스의 개념, 다음으로 스트레스의 요인, 스트레스의 종류를 설명하고 마지막으로는 스트레스의 대처 방안을 제안하였습니다.

[예시 1]은 발표 주제와 발표 순서를 반복하여 언급함으로써 발표가 종결 단계임을 알리고 있다.

[예시 2]

오늘 저는 여러분께 바이오매스 에너지의 유용성에 대해서 말씀드렸습니다. 지금까지 내용을 종합해 본다면 바이오매스 에너지는 화석 에너지를 대신할 수 있는 친환경 신재생 에너지로 지구 온난화를 막을 수 있다는 점에서 매우 유용합니다.

[예시 2]의 발표 주제는 바이오매스 에너지의 유용성이다. 발표자는 발표를 마치면서 본론에서 밝힌 바이오매스 에너지의 좋은 점을 재차 강조하고 있다.

[예시 3]

지금까지 한지의 유래, 한지의 특징과 한지의 재료, 마지막으로 한지의 과학적 유용성에 대하여 살펴보았습니다. 발표를 통해서 한지가 친환경적 종이이며 자연을 살리는 방법 중의 하나가 될 수 있음을 알 수 있었습니다.

[예시 3]은 본론에서 한지의 유래 – 특징 – 재료 – 과학성의 순서로 발표가 진행되었음을 알 수 있다. 그리고 한 문장으로 본론의 내용을 요약·정리함으로써 발표가 현재 마무리 단계에 있음을 알리고 있다.

(2) 결론 제시하기

쟁점, 문제점, 원인 등을 주제로 다루는 발표에서는 발표자 자신이 제기한 문제에 대한 자신의 해결책을 제시하거나 제언을 하는 것도 발표를 잘 마무리하는 방법이다. 해결책 없이 문제나 원인만 제시하는 발표는 좋은 발표라고 할 수 없다. 이 외에 전망을 제시하든지 결론에서 주제에 대한 구체적인 정보를 주거나 구체적인 행동 지침을 제시하는 것도 좋은 방법이다.

결론을 제시할 때는 다음과 같은 표현들이 자주 사용된다.

유용한 표현

- 이상의 논의 중에서 ~은/는 좀 더 깊이 있는 논의가 있어야 할 것입니다.
- ~은/는 앞으로 ~하는 방향으로 연구가 진행될 것으로 예상합니다.
- 결론을 말씀드리면 ~라는 것입니다.
- 따라서 ~은/는 ~한 의미를 가지는 것입니다.
- 따라서 ~에 대한 지속적인 관심이 필요합니다.
- 그러므로 ~ 해야 합니다.
- ~은/는 ~ 뿐만 아니라 ~다는 것을 확실히 알게 되었습니다.

다음 예시들은 '결론 제시하기'의 한 부분이다.

[예시 1]

그렇다면 온난화 문제에 대한 해결책이 있을까요? 이 문제를 어떻게 해결할 수 있을까요? 지구 온난화에 대해서는 전문가마다 견해가 일치하지 않으므로 그 질문에 대해 답하기는 참으로 어렵습니다. 하지만 우리 모두 나 자신부터 생활 속에서 환경을 아낀다면 분명히 좋은 변화가 생길 것이라고 생각합니다.

[예시 1]의 발표 주제는 지구 온난화 문제에 대한 것으로 결론에서 질문을 통해 청중들에게 해야 할 행동 지침을 지시하고 있다. 어떤 문제점에 대해 발표할 때는 본론이나 결론에서 반드시 해결책을 제시하는 것이 좋다.

[예시 2]

최근 들어 융합 학문이 떠오르고 있으나 거기에는 아직 해결해야 할 문제가 많이 있습니다. 융합 학문의 환상만 쫓지 말고 학문 간의 결합이 창조적 결과를 낼 수 있도록 이를 지원하는 합리적인 제도를 마련해야 할 것입니다.

[예시 2]의 발표 주제는 융합 학문이다. 발표자는 융합 학문이 바람직한 결과를 창출하기 위해서는 합리적인 제도가 뒷받침되어야 한다는 제언으로 발표를 끝내고 있다.

[예시 3]

결론적으로 말씀드리면 프랑스 및 한국의 유기농 시장은 꾸준한 성장세를 보이고 있습니다. 장기적으로 보았을 때, 유기농 시장 규모와 일반 시장의 규모가 비슷해지거나 더욱 커질 것으로 예상합니다. 유기농 시장이 성장하기 위해서는 유기농에 대한 적극적인 홍보가 필요할 것이라고 생각합니다.

[예시 3]은 한국과 프랑스의 유기농 시장에 대한 비교 분석을 주제로 한 발표이다. 결론에서 유기농 시장의 중요성을 강조하면서 유기농에 대해 사람들에게 많이 알려야 한다는 발표자의 의견을 제시하고 있다.

(3) 질의응답

질문은 발표의 내용에 따라 발표하는 도중에 받는 경우도 있지만, 대부분 발표의 흐름이 끊기지 않도록 발표가 끝난 후에 질문을 받고 대답하는 질의응답 시간을 갖게 된다. 아래와 같은 유용한 표현을 참고해 보자.

유용한 표현

청중에게 질문을 요청할 때	• 질문이나 의견이 있으면 말씀해 주시기 바랍니다.
청중이 질문을 했을 경우	• 좋은 질문을 해 주셔서 감사합니다.
청중의 질문에 답을 한 후에	• 설명이 잘 되었는지요? • 충분한 답이 되었습니까?
청중이 질문이 없을 경우	• 질문이 없으면 발표를 마치겠습니다.

다음 질의응답을 하는 예시를 살펴보자.

[예시 1]

> 이쯤에서 발표를 마무리하고자 합니다. 질문이나 의견이 있으면 말씀해 주시기 바랍니다. (중략) 질문해 주셔서 감사합니다. (중략) 설명이 되었는지요?

[예시 1]은 발표를 마치면서 청중에게 질문이 있는지를 물어보는 상황이다. 청중으로부터 질문을 받았을 때는 질문한 청중에게 "좋은 질문입니다." 또는 "질문해 주셔서 감사합니다." 등으로 응대한다. 그리고 질문자의 질문을 간단히 요약하고 답한다. 그 후 "설명이 되었는지요?" 또는 "충분한 답이 되었습니까?"로 설명이 충분한지 확인한다.

[예시 2]

> 인터넷 통신 언어의 문제점과 대책에 대한 제 발표는 여기까지입니다. 질문이 있으면 질문해 주시기 바랍니다. 질문이 없으면 이상으로 제 발표를 마치도록 하겠습니다.

[예시 2]처럼 발표자가 청중에게 질문할 시간을 충분히 주었는데도 질문하는 사람이 없으면 발표를 마무리한다.

(4) 인사

자신이 준비한 모든 내용을 전달했다고 해서 발표가 끝난 것은 아니다. 도입부에서 시작을 알리는 인사와 자기소개를 했듯이 종결부에서도 본론과 결론, 그리고 질의응답 후에도 발표가 완전히 끝났음을 청중에게 알리고 끝맺는 인사를 하는 것이 좋다. 아래의 표현을 사용하여 발표를 마무리할 수 있다.

유용한 표현

- 이상으로 제 발표를 마치겠습니다. 경청해 주셔서 감사합니다.
- 지금까지 제 발표를 들어주셔서 감사합니다.

연습

※ 발표를 마무리할 때 자주 사용하는 표현을 참고해 말해 봅시다.

환경 오염	
내용 요약하기	환경 오염의 유형 환경 오염의 영향 환경 오염의 방지 대책
결론 제시하기	환경 오염 문제의 심각성을 깨닫고 환경 오염 문제를 해결하기 위해 개인, 사회, 국가, 국제 사회가 모두 합심할 필요가 있다.
질의응답	
인사	

청년 실업 문제	
내용 요약하기	청년 실업의 실태 청년 실업으로 인한 사회적 문제 청년 실업 문제의 원인 청년 실업 해결을 위한 방안
결론 제시하기	
질의응답	
인사	

과제

※ 다음은 컴퓨터 바이러스 예방법과 미세 먼지 오염에 대한 발표의 종결부입니다. 슬라이드를 참고하여 도입 부분의 내용을 구성한 후 발표해 보십시오.

1. 컴퓨터 바이러스 예방법

바이러스란? 다른 프로그램에 기생하는 별도의 프로그램 • 바이러스의 탄생: 1949년 '존 폰 노인' 개발 • 바이러스 제작 이유: 금전적 문제, 파괴 행위 • 바이러스 피해 예방법: 일반적 vs 관리적	

2. 미세먼지 오염에 대한 연구

	요약 1. 미세 먼지란? 2. 미세 먼지로 인한 문제 • 시민들의 건강을 위협함 • 각종 사고를 유발함 3. 미세 먼지 발생 원인 • 자연적 원인 • 인공적 원인 4. 미세 먼지 예방 방법

1. 빈칸을 채워 봅시다.

발표의 종결부는 일반적으로 요약 ⇨ ○○ 제시 ⇨ 질의○○ ⇨ ○○의 절차를 거친다.

2. 발표 종결부의 절차에 대해 설명해 봅시다.

◆ 칭호 2 ◆

• **대학에서 교수의 배우자에 대한 칭호**

▶ 남자 교수(A)의 아내(B)에 대한 호칭과 지칭

B를 직접 부르는 호칭		사모님, 선생님, ○ 선생님, ○○○ 선생님, 과장님, ○ 과장님 (사모님이 과장 직급을 가졌다면)
지칭	당사자(B) 및 해당 교수(A)에게	사모님, 선생님, ○ 선생님, ○○○ 선생님, 과장님, ○ 과장님 (사모님이 과장 직급을 가졌다면)

▶ 여자 교수(A)의 남편(B)에 대한 호칭과 지칭

B를 직접 부르는 호칭		사부님, 선생님, ○ 선생님, ○○○ 선생님, 과장님, ○ 과장님 (사부님이 과장 직급을 가졌다면)
지칭	당사자(B) 및 해당 교수(A)에게	사부님, 선생님, ○ 선생님, ○○○ 선생님, 과장님, ○ 과장님 (사부님이 과장 직급을 가졌다면)

※ '○'에는 성씨를 넣어 말하고 '○○○'에는 이름을 넣어 말한다. 예를 들어 '김 선생님', '김명숙 선생님', '김 과장님'이라고 부른다.

전개부의 설명 방식

• • • 7과 • • •

정의하기

생각해 보기

1. 아래 단어 개념들의 의미를 찾아본 후, 자신의 말로 정의해 봅시다.

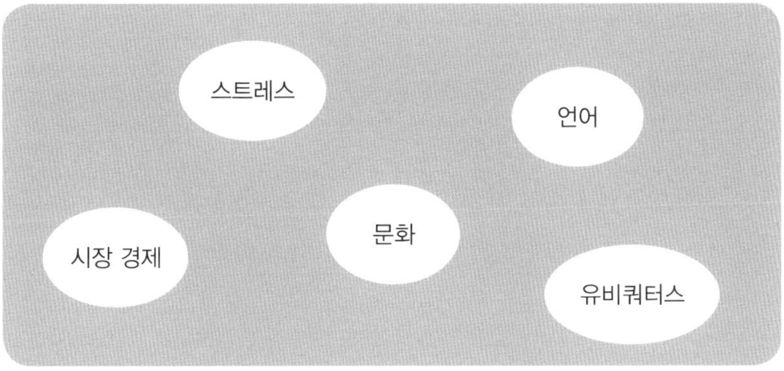

2. 대상에 대한 개념을 정의할 때 반드시 들어가야 하는 내용은 무엇인지 이야기해 봅시다.

학습목표

1. 발표의 전개부를 이해하고 개념이나 대상을 정의할 수 있다.
2. 정의하기 방식으로 슬라이드를 작성할 수 있다.
3. 개념이나 대상에 대해 이해하기 쉽게 정의하여 설명할 수 있다.

전개부는 발표의 핵심적인 내용을 본격적으로 전달하게 되는 부분이다. 발표자는 효과적인 주제 전달을 위해 다양한 설명 방법을 사용해야 하는데 가장 먼저 해야 할 일은 자신이 사용할 단어나 대상의 의미를 정확히 밝히는 것이 좋다. 용어나 개념을 구체적으로 설명하는 '정의하기' 방식으로 발표를 시작하면 주제에 대한 불분명한 오해를 줄일 수 있다.

보기

경제적 유인이란? = Incentive 사람이 행동하도록 만드는 보상이나 혜택	경제적 유인은 경제학에서 사람들에게 어떤 행동을 하게 만드는 보상이나 혜택을 말합니다. 영어로는 인센티브라고 합니다.

경제적 유인은 경제학에서 사람들에게 어떤 행동을 하게 만드는 혜택이다.

(경제적 유인: 대상 / 경제학에서 사람들에게 어떤 행동을 하게 만드는: 특성/속성 / 혜택: 상위 개념)

개념이나 대상을 설명할 때 다음과 같은 표현들이 자주 사용된다.

유용한 표현

- ~은/는 ~입니다.
- ~은/는 ~이라고 할 수 있습니다.
- ~은/는 ~을/를 뜻합니다.
- ~은/는 ~을/를 말합니다.

'정의하기' 설명 방식의 예들을 살펴보자.

[예시 1]

메러비언(Mehrabian)의 법칙을 들어보신 적 있습니까? 메러비언의 법칙은 한 사람이 상대방에게 받는 이미지는 시각이 55%, 청각이 38%, 언어가 7%에 이른다는 법칙입니다. 이를 통해 비언어적 요소인 얼굴 표정이나 몸짓, 손짓 등이 중요하다는 사실을 알 수 있습니다.

[예시 1]은 메러비언(Mehrabian)의 법칙을 정의하고 있다. '메러비언의 법칙'이라는 대상에 대해, '한 사람이 상대방에게 받는 이미지는 시각이 55%, 청각이 38%, 언어가 7%에 이른다'는 특성/속성과 '법칙'이라는 상위 개념을 잘 제시하였다. 이를 슬라이드로 표현해 보면 다음과 같다.

(가)
Mehrabian의 법칙 대화할 때 한 사람이 상대방에게 받는 이미지는 시각이 55%, 청각이 38%, 언어가 7%에 이른다는 법칙이다. 비언어적 요소(얼굴 표정, 몸짓, 손짓, 말투 등), 목소리가 더 중요하다.

⇨

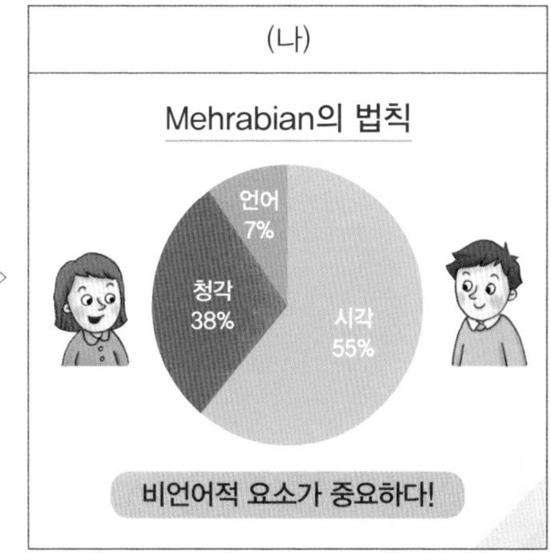

슬라이드 (가)와 같이 발표문의 내용을 그대로 슬라이드에 옮겨 제시하는 것보다는 슬라이드 (나)와 같이 그래프(그림)로 나타내는 것이 효과적이다.

[예시 2]

먼저 유비쿼터스의 개념을 설명드리겠습니다. 유비쿼터스라는 말은 원래 라틴어로 '언제 어디서나 존재한다.'라는 의미로 시간과 장소에 구애받지 않고 자유롭게 네트워크에 접속할 수 있는 정보 통신 환경을 말합니다. 유비쿼터스 시대에는 사람과 사람 사이는 물론 사람과 사물, 사물과 사물 사이에도 통신이 가능합니다.

[예시 2]는 '시간과 장소에 구애받지 않고 자유롭게 네트워크에 접속할 수 있는' 속성과 '정보 통신 환경'의 상위 개념을 제시함으로써 대상어인 '유비쿼터스'를 잘 정의하고 있다. 이를 슬라이드로 표현해 보면 다음과 같다.

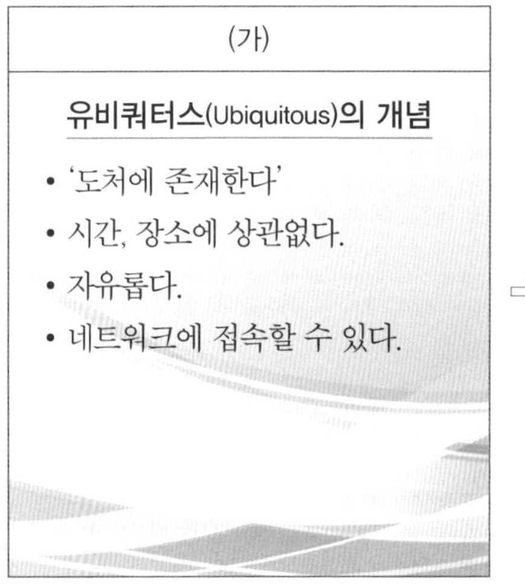

⇨

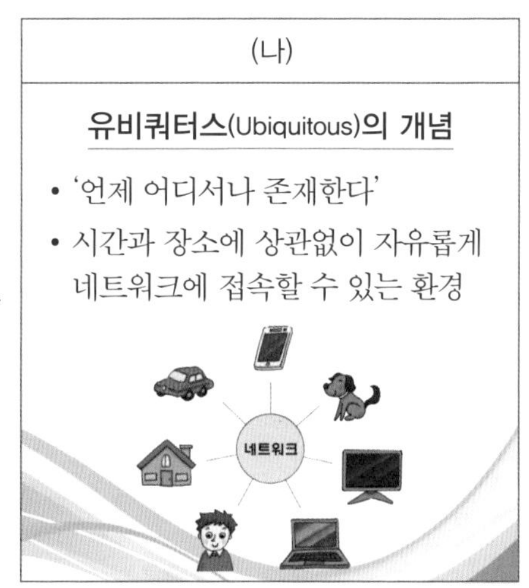

청중은 눈으로 슬라이드에 나온 내용을 읽는 것과 동시에 귀로 발표자의 발표를 듣는다. 슬라이드 (가)처럼 '상관없다, 자유롭다, 접속할 수 있다' 등으로 지나치게 짧은 어휘나 표현을 사용하는 것보다 핵심어를 제시하되 개조식으로 제시하는 것이 청중의 이해를 높일 수 있다. 이해를 돕기 위해 슬라이드 (나)와 같이 내용과 관계된 삽화(그림)를 넣는 것도 좋다.

[예시 3]

다문화는 글자 그대로 한 사회나 한 국가 안에 두 개 이상의 복수 문화가 존재하는 현상을 뜻합니다. 그런데 일반적으로 많은 사람들이 생각하는 다문화는 한 사회나 한 국가 안에 우세한 주류 문화와 소수의 약한 비주류 문화가 같이 어우러져서 사회를 이루는 현상이라고 할 수 있습니다.

[예시 3]은 '한 사회나 한 국가 안에 두 개 이상의 복수 문화가 존재하는'과 '한 사회나 한 국가 안에 우세한 주류 문화와 소수의 비주류 문화가 공존하는'이라는 속성과 '현상'이라는 상위 개념을 제시하며 다문화의 개념을 문자 그대로의 의미와 일반적 의미, 두 가지로 정의하고 있다.

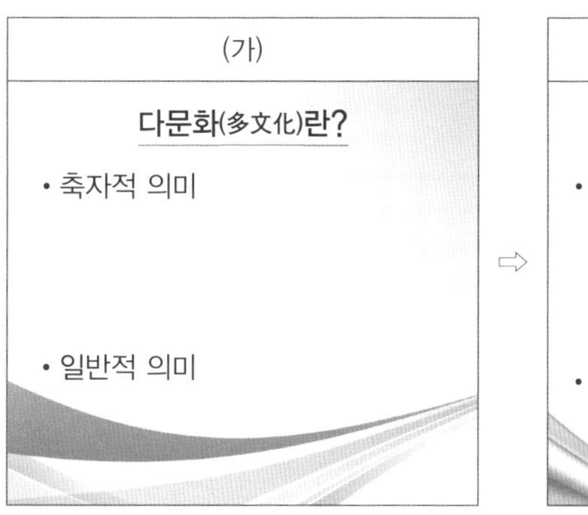

⇨

(나)

다문화(多文化)란?

• 축자적 의미

한 사회나 한 국가 안에 두 개 이상의 문화가 존재하는 것

• 일반적 의미

한 사회나 한 국가 안에 주류 문화와 비주류문화(들)가 공존하는 것

슬라이드 (가)와 같이 소제목 '축자적 의미, 일반적 의미'만 제시하면 청중은 '다문화'의 개념을 정확히 이해하지 못할 수도 있다. 특히 외국인 유학생의 발표에 익숙하지 않은 청중이 주제를 이해하고 집중해서 경청할 수 있도록 핵심적인 내용을 슬라이드 (나)처럼 간명하게 제시하는 것이 좋다. 또한 슬라이드를 작성할 때 중요한 어휘에는 글자 색을 다르게 하거나 진하게 표시하는 것도 효과적이다.

연습

※ 다음 중 두 문장을 외운 후, 유창하고 정확하게 말해 보십시오.

1. 경제적 유인이란 경제학에서 사람들에게 어떤 행동을 하게 만드는 보상이나 혜택을 말합니다.
2. 다문화의 글자 그대로 의미는 한 사회나 한 국가 안에 두 개 이상의 복수 문화가 존재하는 현상을 뜻합니다.
3. 표절이란 다른 사람의 아이디어나 글을 출처를 밝히지 않고 가져오는 행위입니다.
4. 인간은 끊임없이 무엇인가를 생산하고 소비하는데 이것을 바로 경제 활동이라고 합니다.

과제

1. '스트레스의 이해'에 관한 발표입니다. 아래 슬라이드를 사용해 스트레스의 개념을 정의해 봅시다.

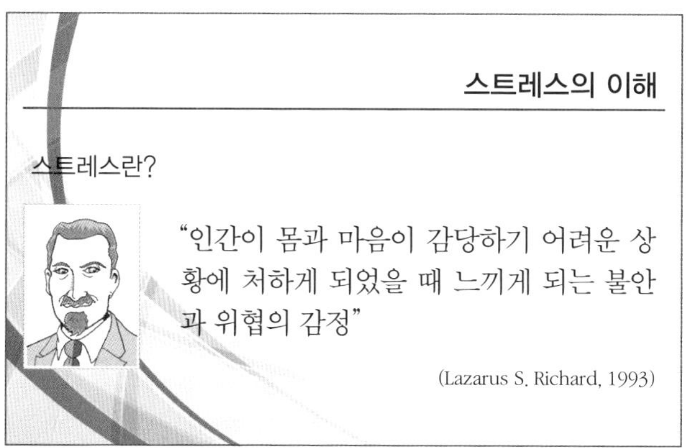

2. 다음의 주제에 관해 발표하려고 합니다. 슬라이드에 제시된 개념어를 정의하는 슬라이드를 만들어 발표해 봅시다.

1. 빈칸을 채워 봅시다.

설명하고자 하는 대상의 ○○과 그 대상이 속해 있는 ○○○○을 밝히는 것이 '정의하기'이다. 대표적인 표현으로는 '~은/는 ~이다', '~은/는 ~을/를 뜻한다', '~은/는 ~이라고 할 수 있다', '~은/는 ~을/를 말한다' 등이 있다.

2. 발표의 전개부에서 '정의하기'의 개념을 설명하고 예를 들어 봅시다.

◆ 자연스러운 발표를 위한 조언 ◆

1. 발표에 대한 긴장감을 해소하기 위한 방법

- 심호흡과 스트레칭으로 긴장을 푼다.
- 발표는 긴장되는 일이라는 사실을 자연스럽게 받아들인다. 누구나 떨린다.
- 입 안에 가득 공기를 채웠다가 이를 내뱉는 행동을 반복하며 얼굴의 근육을 푼다.
- 성공적으로 발표를 마친 자신의 모습을 상상해 본다.

2. 매끄럽게 발표를 진행하는 방법

- 발표 장소에 미리 가서 발표 보조 자료를 실행해 본다. 혹시라도 생길 수 있는 기기 오작동 문제를 미연에 방지한다.
- 강조하고 싶은 내용을 포인터로 명확하게 가리켜 청중의 집중도를 높인다.
- 슬라이드를 넘길 때 컴퓨터를 보지 않고 청중을 본 채 자연스럽게 말을 잇는다. 이때 리모컨을 사용하거나 슬라이드 화면 전환에 시간을 설정하는 것도 좋은 방법이다.
- 슬라이드를 넘길 때(즉 화면을 전환할 때) '다음 슬라이드를 보시겠습니다', '다음 슬라이드는 ~에 대한 내용입니다', '다음 슬라이드를 보실까요?'와 같은 표현을 사용해도 되지만 뒤에 올 내용을 자연스럽게 연결하는 표현을 사용해도 좋다. 예를 들어 뒤에 올 내용이 부연 설명이라면 '~을/를 구체적으로 살펴보면', 강조할 내용이라면 '여기서 주목해야 할 것은~', 예시라면 '예를 들면' 등의 표현을 사용하는 것이 자연스럽다.
- 리모컨을 사용하여 슬라이드를 전환할 때 연단 위를 걸어 다니며 이동 방향에 따라 청중을 바라보는 것도 자연스럽다.

3. 청중이 발표에 몰입하도록 하는 방법

- 청중들이 쉽게 대답할 수 있는 질문을 준비한다.
- 청중이 모두 함께 참여하며 풀 수 있는 문제를 제시한다.

8과

예시하기

생각해 보기

1. 발표할 때 예시를 제시하는 것이 효과적인 상황에 대해 이야기해 봅시다.

2. 아래 밑줄을 친 주제어를 정의한 후, 예를 들어 설명해 봅시다.

학습목표

1. 설명하고자 하는 대상의 구체적인 예를 제시할 수 있다.
2. 예를 보여주는 슬라이드를 작성할 수 있다.

• 이해하기 •

예시하기는 구체적인 예를 들어 보이며 설명하는 방식이다. 예시는 우리 생활 주변에 가깝게 존재하므로 청중이 내용을 좀 더 쉽게 이해하는 데 도움이 된다. 특히 어떤 대상을 정의할 필요가 있을 때, 정의를 내린 다음에 종종 예시를 사용한다. 아래 〈보기〉에서처럼 '영양소가 풍부하며 면역력을 강화하는 식품'이라고 슈퍼푸드를 정의한 후, 블루베리, 연어 등 구체적인 예를 제시하면 청중은 그 대상을 더 잘 이해할 수 있기 때문이다.

보기

슈퍼푸드라는 말을 들어 보신 적이 있을 겁니다. 이것은 영양소가 풍부할 뿐만 아니라 면역력을 강화해 주는 식품들을 말하는데 그중에서 우리가 자주 먹는 대표적인 음식들로는 블루베리, 마늘, 견과류, 브로콜리, 연어, 토마토 등이 있습니다.

슈퍼푸드 중에서 우리가 자주 먹는 대표적인 음식들로는
블루베리, 마늘, 견과류, 브로콜리, 연어, 토마토 등이 있습니다.
예시(보기, 예)

유용한 표현

- 예를 들어
- 예를 들면
- 예컨대
- ~ 등이 그 예입니다.
- ~을/를 예로 들 수 있습니다.
- 대표적인 것들로는 ~이/가 있습니다.

[예시 1]

생산자와 소비자가 서로 거래하는 곳이 바로 시장입니다. 냉장고를 예로 들어 봅시다. 어떤 사람이 냉장고를 필요로 합니다. 그럼 이 사람 즉 소비자는 시장에 가서 냉장고를 삽니다. 생산자는 시장을 통해 소비자가 필요로 하는 냉장고를 팔고 돈을 받습니다. 이처럼 시장은 생산자와 소비자의 교환 활동이 원활하게 이루어지는 역할을 하는 공간입니다.

[예시 1]은 경제 활동을 주제로 한 발표 내용의 일부이다. 시장의 역할을 설명하기 위해 '냉장고'라는 물건을 팔고 사는 것을 경제 활동의 예로 들고 있다. 위의 내용을 슬라이드로 표현하면 아래와 같다.

(가)

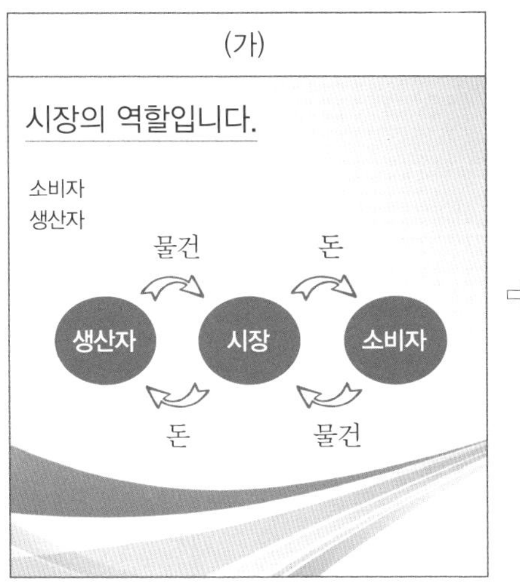

⇨

(나)

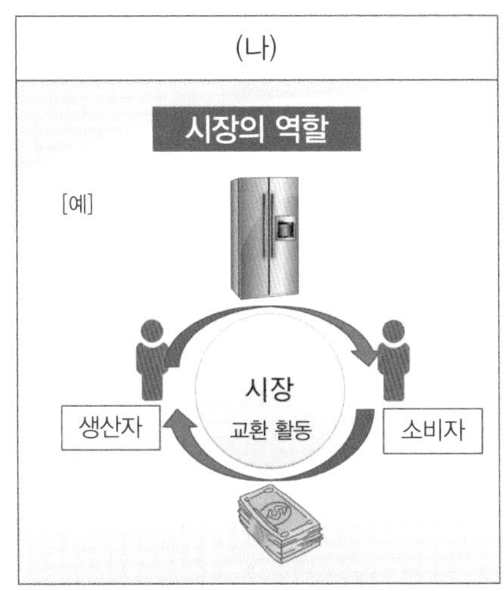

슬라이드 (가)는 시장의 역할을 설명하기 위해 예로 든 냉장고가 잘 드러나지 않는다. 그러나 슬라이드 (나)는 생산자와 소비자, 냉장고와 돈, 시장이라는 개념이 좀 더 슬라이드에 명확하게 제시되어 청중들이 명료하게 내용을 이해할 수 있다.

[예시 2]

컬러 테라피를 활용한 재미있는 예를 하나 더 소개해 보겠습니다. 실력이 비슷하면 붉은색 유니폼을 입으라는 얘기를 들어 보신 적이 있습니까? 과학 학술지에 발표된 내용인데 붉은색 유니폼을 입고 경기를 하면 이길 확률이 높다는 것입니다. 붉은색은 적극적으로 돌진하려는 이미지가 강해서 경기에 임하는 선수들의 승부욕과 운동 능력을 끌어올리는 데에 효과가 있다고 합니다. 실제로 우리나라 축구 대표 팀도 하얀색 유니폼을 입었을 때보다 붉은색 유니폼을 입었을 때 승률이 더 높다고 합니다.

[예시 2]는 컬러 테라피의 활용에 대한 발표이다. 주변에서 쉽게 찾아 볼 수 있는 친숙한 사례를 예로 제시하면 청중이 발표 내용을 더 잘 이해할 수 있다.

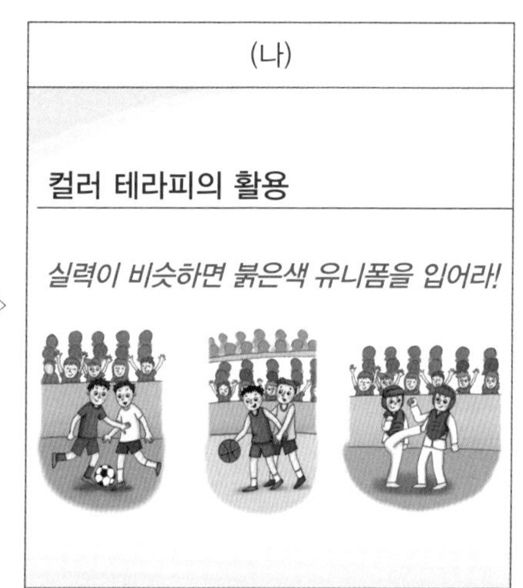

발표자는 붉은색 유니폼을 입고 경기하는 선수들을 예로 들어 컬러 테라피의 효과를 설명하고 있는데 슬라이드 (가)는 이와 어울리지 않게 응원하는 사람들을 제시하고 있다. 슬라이드 (나)처럼 발표 내용과 직접적으로 관련된 이미지와 내용을 슬라이드에 제시해야 한다.

[예시 3]

세계 각 나라는 화석 연료를 대신할 에너지로서 여러 가지를 사용하고 있습니다. 현재 실용화되고 있는 재생 가능 에너지로는 물을 이용한 수력 에너지, 바람을 이용한 풍력 에너지, 산업 폐기물이나 쓰레기 등을 이용한 바이오매스, 태양을 이용한 태양열 에너지 등이 그 예입니다. 이 외에도 다양한 대체 에너지가 있습니다만, 오늘은 이 네 가지를 하나씩 살펴보도록 하겠습니다.

[예시 3]은 대체 에너지를 주제로 하는 발표의 본론이다. 여러 대체 에너지 중에서 실제로 이용되고 있는 수력 에너지, 풍력 에너지, 바이오매스, 태양열 에너지 등을 예로 제시하였다. 이를 슬라이드로 표현하면 아래와 같다.

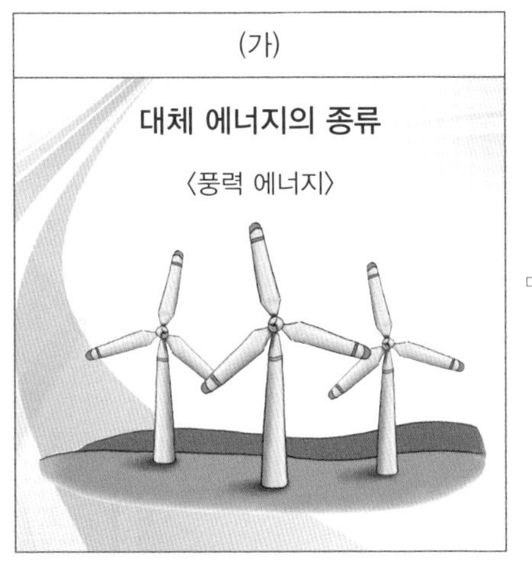

⇨

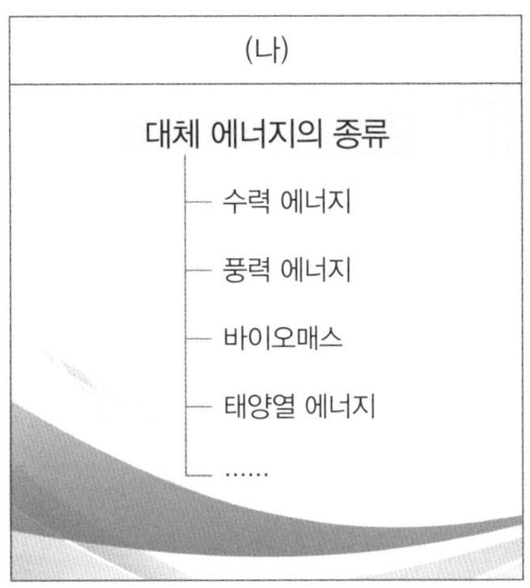

여러 예들 중에서 하나만을 제시하는 슬라이드 (가)보다는 대체 에너지로 언급한 예를 모두 제시한 슬라이드 (나)가 바람직하다. 대체 에너지의 종류를 예로 들고 있지만 이것이 대체 에너지의 종류를 확정적으로 구분·분류하는 내용은 아니므로 그 외의 에너지가 존재함을 암시하기 위하여 말줄임표(……)를 사용할 필요가 있다. 이처럼 발표 보조 자료(슬라이드)를 작성할 때는 발표문의 구조에 맞게 구성한다.

연습

※ 다음 중 두 문장을 외운 후, 유창하고 정확하게 말해 보십시오.

1. 슈퍼푸드 중에서 우리가 자주 먹는 대표적인 음식들로는 블루베리, 마늘, 견과류, 브로콜리, 연어, 토마토 등이 있습니다.
2. 대체 에너지는 수력 에너지, 풍력 에너지, 바이오매스, 태양열 에너지 등이 그 예입니다.
3. 기술의 발달로 공장에서 필요한 노동력이 감소하였습니다. 예를 들어 예전에는 100명이 함께 작업해야 했던 일에 이제는 10명 정도가 필요합니다.
4. 1, 2차 산업을 기초로 하여 서비스를 생산하는 3차 산업의 예로 운송업, 관광업, 숙박업, 통신업 등을 들 수 있습니다.
5. 생활 속에서 우리가 실천할 수 있는 에너지를 절약하는 방법으로 여러 가지가 있는데 예컨대 걷기, 자전거 타기, 대중교통 이용 등이 있습니다.

과제

1. '화법의 유형'에 관한 발표입니다. 아래 슬라이드를 사용해 말하는 목적에 따른 화법의 구체적인 예를 말해 봅시다.

화법의 유형

- 설득 화법: 주장, 토론, 건의 등
- 정보 전달 화법: 안내, 뉴스, 설명, 발표 등
- 친교 화법: 인사, 환영사, 대화 등
- 오락 화법: 유머, 풍자 등

2. 아래 주제에 관해 발표하려고 합니다. 주제와 관련된 예시를 설명하는 슬라이드를 만들어 발표해 봅시다.

1. 빈칸을 채워 봅시다.

○○하기는 구체적인 예를 들어 설명하는 방식으로 '예를 들어', '~ 등이 그 예이다', '~을/를 예로 들 수 있다', '예컨대', '○○적인 것들로는 ~이/가 있다' 등의 표현을 주로 사용한다.

2. '예시하기'의 개념을 설명하고 예를 들어 봅시다.

◆ 말의 속도 ◆

말의 속도는 일반적으로 1분당 발화하는 음절 수(Syllables Per Minute)로 측정하는데 여러 연구자가 연구한 결과, 발화 속도는 측정 대상에 따라 최소 113 SPM부터 최고 586.74 SPM까지 다양하게 나타났다.

연구자	측정 대상	속도
김하영 (2001)	라디오와 TV 드라마	300~340 SPM
	한국어 초급 듣기 교재	209~251 SPM
신문자 · 한숙자 (2003)	(한국인) 서울 거주 성인 화자의 읽기	347.9 SPM
	(한국인) 서울 거주 성인 화자의 말하기	264.6 SPM
최은지 (2007)	한국어 표준어 화자의 말하기	251.79 SPM
	한국어 성인 화자의 대화	586.74 SPM
김상수 (2009)	한국어 초 · 중급 교재	399.52~529.07 SPM
	외국인 한국어 학습자의 혼자 말하기	113 SPM

출처: 홍은실(2014: 106)

그러나 표를 자세히 살펴보면 대화할 때에는 최소 200 SPM 이상으로 말할 필요가 있다는 것을 알 수 있다. 친구들과 대화를 나눌 때, 수업 시간에 발표할 때의 자신의 목소리를 녹음해 보자. 그리고 분당 음절 수를 계산하여 위의 표와 비교해 보는 것은 어떨까? 더 나아가서 여러분이 모어로 말할 때의 분당 음절 수와 한국어로 말할 때의 분당 음절 수를 비교해 보는 것은 어떨까?

9과

구분 · 분류하기

생각해 보기

1. 아래 '한국어의 모음'을 설명한 글을 읽고 분류 기준에 대해 이야기해 봅시다.

> 한국어의 모음
>
> 한국어의 모음은 발음하는 도중 입술 모양과 혀의 위치가 변하느냐 변하지 않느냐에 따라 단모음과 이중모음으로 나뉜다.

2. 아래 주제어들을 일정한 기준에 따라 분류하며 설명해 봅시다.

로봇

______________________________.

자동차

______________________________.

다문화 사회의 유형

______________________________.

학습목표

1. 어떤 대상을 일정한 기준에 따라 나누어서 설명할 수 있다.
2. 구분 · 분류하기 방식으로 슬라이드를 작성할 수 있다.

구분·분류하기는 대상을 청중들에게 간결하고 효과적으로 전달하기 위한 방법 중의 하나로 대상을 일정한 기준에 따라 나누거나 묶어서 설명하는 방법이다. 구분은 상위 개념을 하위 개념으로 나누는 데 반해, 분류는 하위 개념을 상위 개념으로 묶어 설명하는 방식이다.

보기

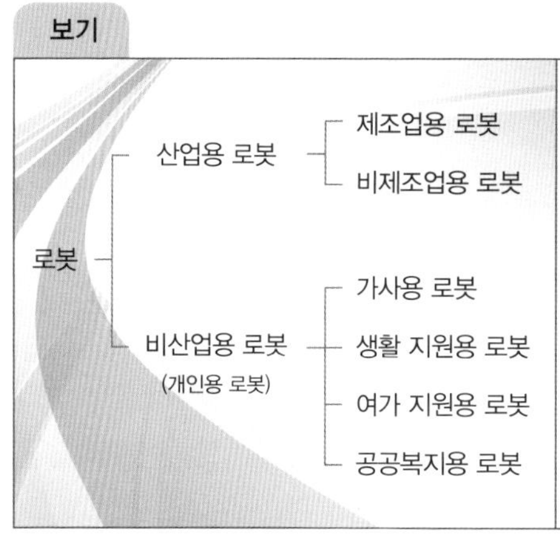

로봇은 용도에 따라 크게 산업용 로봇과 비산업용 로봇 또는 개인용 로봇으로 나눌 수 있습니다. 산업용 로봇에는 제조업용 로봇, 비제조업용 로봇이 있으며, 비산업용 로봇에는 가사용 로봇, 생활 지원용 로봇, 여가 지원용 로봇, 공공복지용 로봇이 있습니다.

로봇은 용도에 따라 산업용 로봇과 비산업용 로봇으로 나눌 수 있습니다.

상위 개념 기준 하위 개념

다음은 대상을 구분하거나 분류하여 설명할 때 자주 쓰이는 표현들이다.

유용한 표현

- ~은/는 ~에 따라 ~(으)로 나뉩니다.
- ~은/는 ~에 따라 ~(으)로 구분됩니다.
- ~, ~, ~, ~은/는 ~(으)로 분류합니다.
- ~은/는 ~의 한 종류입니다.

'구분·분류하기' 설명 방식으로 작성한 예시들을 살펴보자.

[예시 1]

한국어의 자음을 기의 세기 즉 공기를 내뿜는 정도에 따라 분류하면 평음, 경음, 격음으로 나뉩니다. 공기를 가장 약하게 내뿜는 /ㄱ, ㄷ, ㅂ, ㅅ, ㅈ/는 평음, 후두를 긴장하거나 공기의 흐름을 막는 /ㄲ, ㄸ, ㅃ, ㅆ, ㅉ/는 경음, 공기를 가장 거세게 내뿜는 /ㅋ, ㅌ, ㅍ, ㅊ/는 격음에 해당됩니다.

[예시 1]은 한국어의 자음 체계를 설명하는 발표이다. 한국어의 자음(상위 개념)을 기(氣)의 세기 즉 공기를 내뿜는 정도(기준)에 따라 평음, 경음, 격음(하위 개념)으로 나누어 설명하고 있다. 이를 슬라이드로 표현하면 아래와 같다.

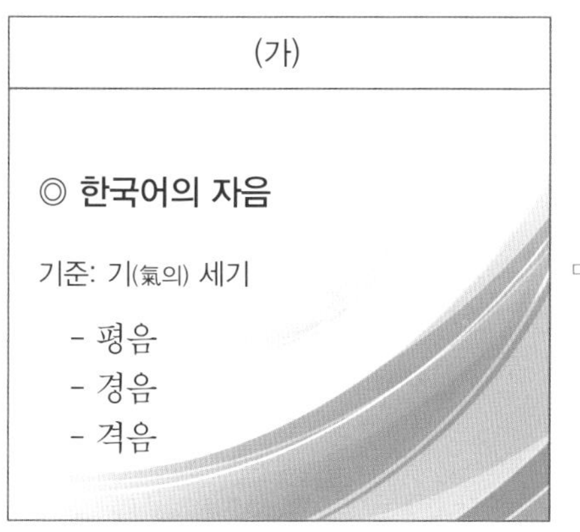

⇨

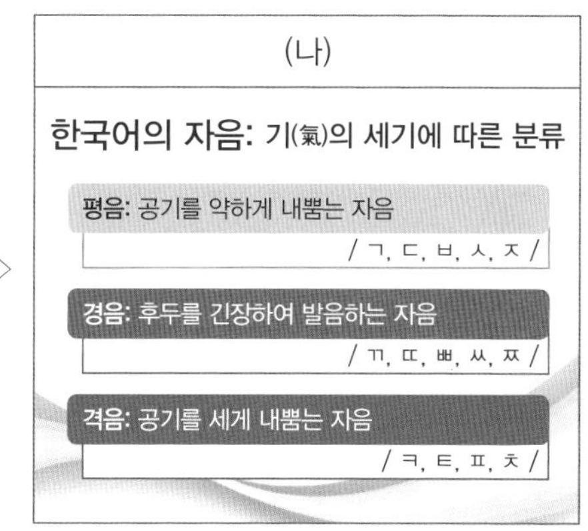

두 슬라이드 모두 평음, 경음, 격음의 구분 기준인 '기의 세기'에 따라 한국어의 자음 체계를 명료하게 제시하였다. 그러나 생소한 어휘나 표현이 등장할 때에 슬라이드 (가)처럼 용어만 제시하는 것보다는 슬라이드 (나)와 같이 상위 개념과 하위 개념에 대비되는 색깔을 사용하여 시각적으로 분명히 구분할 수 있게 작성하는 것이 좋다. 또한 평음, 경음, 격음에 속하는 자음의 예를 구체적으로 제시하여 청중의 이해를 돕는 것이 바람직하다. 한 장의 슬라이드에 오래 머물러 있으면 다소 지루해질 수 있으므로 파워포인트의 '사용자 애니메이션' 기능을 이용하여 평음, 경음, 격음을 순차적으로 제시하는 것도 하나의 방법이다.

[예시 2]

페이스북은 온라인상에서 사람들과 소통하면서 관계망을 형성한다는 점에서 소셜 네트워크 서비스로 분류할 수 있습니다. 트위터, 카카오스토리, 인스타그램 등도 페이스북과 동일한 속성으로 인해 소셜 네트워크 서비스의 일종이라고 할 수 있습니다.

[예시 2]는 페이스북이 사람들과 관계망을 형성한다는 특성을 지니므로, 이를 기준으로 페이스북을 소셜 네트워크 서비스(SNS)로 분류하고 있다. 이를 슬라이드로 표현하면 아래와 같다.

⇨

이때 슬라이드 (가)와 같이 단순히 SNS의 종류들을 나열하기보다는 슬라이드 (나)와 같이 페이스북, 트위터, 카카오스토리, 인스타그램 등이 SNS로 분류된다는 사실이 분명하게 드러날 수 있도록 그림을 구성하는 것이 좋다. 어떤 대상을 분류할 때는 그림, 사진 등을 포함한 자료, 즉 시각 자료를 이용하면 청중의 이해도를 높일 수 있다.

[예시 3]

다음으로는 매체의 종류를 살펴보겠습니다. 매체는 전달 수단에 따라 방송 매체, 인쇄 매체, 통신 매체로 분류할 수 있습니다. 라디오, 텔레비전은 방송 매체에 속하고, 신문이나 책은 인쇄 매체에 속하며, 인터넷과 전화는 통신 매체에 해당됩니다.

[예시 3]은 매체(상위 개념)를 전달 수단에 따라(구분 기준) 방송 매체, 인쇄 매체, 통신 매체(하위 개념들)로 나누고 예를 제시하는 방식으로 진행하고 있다.

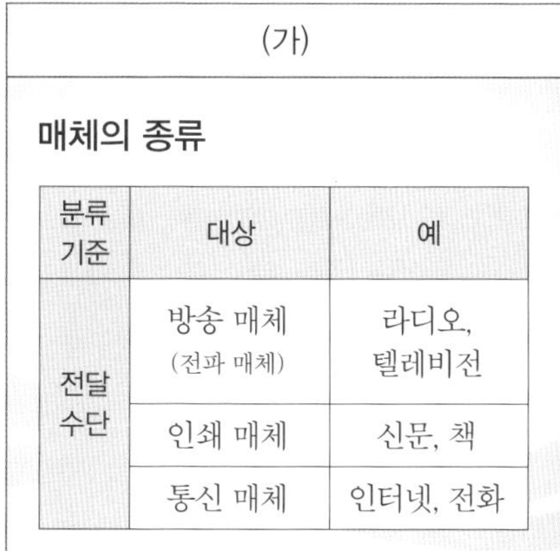

(가)

매체의 종류

분류 기준	대상	예
전달 수단	방송 매체 (전파 매체)	라디오, 텔레비전
	인쇄 매체	신문, 책
	통신 매체	인터넷, 전화

⇨

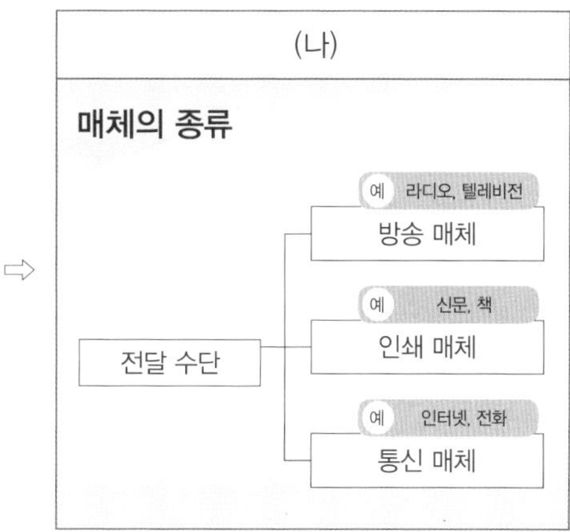

발표는 문자로 작성한 보고서가 아니라 청중이 귀로 듣고 눈으로 보는 종합적인 활동이다. 슬라이드 (가)처럼 단순히 표로 제시하는 것보다 슬라이드 (나)와 같이 파워포인트의 SmartArt 등의 기능을 이용하면 내용을 청중에게 좀 더 명료하게 전할 수 있다.

연습

※ 다음 중 두 문장을 외운 후, 유창하고 정확하게 말해 보십시오.

1. 로봇은 용도에 따라 산업용 로봇과 비산업용 로봇으로 나눌 수 있습니다.
2. 매체는 전달 수단에 따라 방송 매체, 인쇄 매체, 통신 매체로 분류할 수 있습니다.
3. 자동차는 연료에 따라 경유차, 휘발유차, 가스차로 구분됩니다.
4. 경제학에서는 누가 가격과 생산량을 결정하느냐에 따라 시장 경제와 계획 경제로 구분합니다.
5. 다문화 사회의 유형은 그 형성 시기에 따라 크게 선천적 다문화 사회와 후천적 다문화 사회 두 가지로 나눌 수가 있습니다.

과제

1. '말하기의 유형'에 관한 발표입니다. 아래 슬라이드를 사용해 화법의 유형을 구분하거나 분류하여 설명해 봅시다.

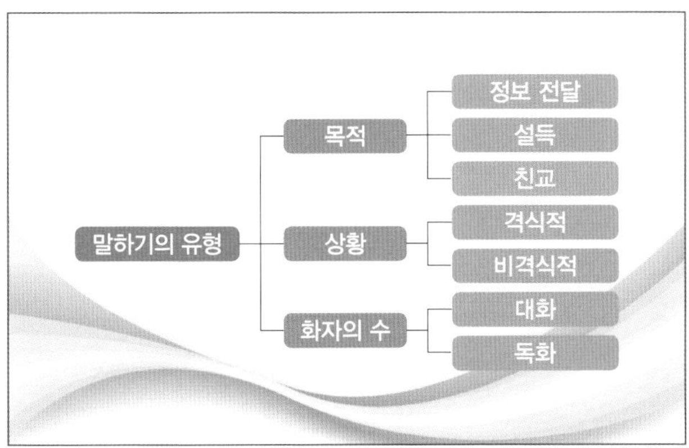

2. 다음 주제에 관해 발표하려고 합니다. 슬라이드에 제시된 주제어를 구분하거나 분류하여 슬라이드를 만들어 발표해 봅시다.

1. 빈칸을 채워 봅시다.

> 말하고자 하는 대상을 일정한 ○○에 따라 나누거나 묶어서 설명하는 방법을 ○○ · ○○하기라고 한다. '~은/는 ~에 따라 ~(으)로 나뉜다', '~은/는 ~에 따라 ~(으)로 구분된다', '~은/는 ~의 한 종류이다', '~, ~, ~은/는 ~(으)로 분류한다' 등의 표현을 사용한다.

2. 구분과 분류의 개념을 설명하고 예를 들어 봅시다.

◆ 발표 슬라이드 작성 요령 ◆

(1) 전체 구성

- 시각 자료가 필요한 부분을 선정한다.
- 각 슬라이드의 제목을 작성하고, 전후 제목이 논리적으로 연결되는지 확인한다.
- 슬라이드별로 필요한 자료를 확인한 후, 기존 자료를 정리하고 추가 자료를 확보한다.
- 작성된 슬라이드가 서로 일관성을 갖도록 조정한다.
- 각 슬라이드를 전환할 때 사용할 연결 문구를 작성한다.

(2) 슬라이드 구성

- 한 장의 슬라이드에 반드시 한 가지 메시지만 담는다.
- 각 슬라이드마다 제목이 나타나게 한다.
- 각 문장의 문체가 일치하게 작성한다.
- 문장은 간결하게 작성한다. 두 줄 이상의 문장은 산만해 보인다.
- 글꼴, 색, 포맷, 디자인의 일관성을 유지한다.
- 글자 크기는 청중이 알아볼 수 있도록 크게 쓴다.
- 글꼴은 3개 이하, 색채는 4개 이하로 복잡하게 하지 않는다.
- 글자는 하나의 슬라이드에 가로 7단어, 세로 7줄 이내로 쓴다.
- 숫자나 표 대신 그래프나 이미지를 사용한다.
- 과도한 애니메이션과 플래시는 자제한다.

- 김영임(2006), 『스피치커뮤니케이션』 중에서 -

• • • 10과 • • •

비교 · 대조하기

생각해 보기

1. '라디오'와 '텔레비전'을 비교 · 대조해 봅시다.

(1) 라디오와 텔레비전의 공통점은 무엇입니까?

(2) 라디오와 텔레비전의 차이점은 무엇입니까?

(3) 라디오와 텔레비전의 공통점과 차이점을 찾게 된 기준은 무엇입니까?

학습 목표

1. 설명하고자 하는 대상들의 공통점과 차이점을 설명할 수 있다.
2. 비교 · 대조하기 방식으로 슬라이드를 작성할 수 있다.

'비교·대조하기'는 둘 이상의 대상에 대해 공통점과 차이점을 설명하는 방식으로 발표자가 말하고자 하는 바를 단순하고 명쾌하게 전달할 수 있어 유용하다. 비교할 때는 비슷한 점을, 대조할 때는 다른 점을 설명한다.

보기

	2D 프린터	3D프린터
공통점	글자나 그림을 인쇄함	
차이점	앞뒤, 좌우로 움직임 =>평면	앞뒤, 좌우, 상하로 움직임 =>입체

2D 프린터와 3D 프린터 모두 이미지 즉 글자나 그림을 인쇄하는 원리는 같습니다. 그런데 2D 프린터는 출력을 맡은 헤드 부분이 앞뒤, 좌우로만 움직이지만, 3D 프린터는 여기에 상하로의 움직임을 더하여 입체물을 만들어낸다는 점에서 차이가 있습니다.

2D 프린터와 3D프린터는 모두 이미지 즉 글자나 그림을 인쇄하는 원리는 같습니다.

비교·대조의 대상 / 두 대상의 공통점

2D 프린터는 출력을 맡은 헤드 부분이 앞뒤, 좌우로만 움직이지만, 3D 프린터는 여기에 상하로의 움직임을 더하여 입체 물을 만들어낸다는 점에서 차이가 있습니다.

두 대상의 차이점: 작동 방식

아래는 유사점과 차이점을 설명할 때 자주 쓰이는 표현들이다.

유용한 표현

- ~와/과 마찬가지로
- ~와/과 유사하게
- ~은/는 점에서 공통점을 찾을 수 있습니다.
- ~은/는 공통점이 있습니다.
- ~와/과는 달리
- ~와/과는 대조적으로
- ~는 데 반해
- ~는 측면에서 차이가 있다.

다음의 예시를 통해 구체적으로 살펴보자.

[예시 1]

소셜 네트워크 서비스들인 페이스북, 트위터, 인스타그램, 카카오스토리 등은 정보를 교환하고, 온라인에서 친구 맺기를 통해 인맥을 쌓을 수 있습니다. 또한 사진, 동영상, 그리고 타인의 글도 공유한다는 점에서 이들의 공통점을 찾을 수 있습니다.

[예시 1]은 다양한 소셜 네트워크 서비스들이 갖고 있는 공통점을 비교하여 설명한다. 이를 슬라이드로 표현하면 아래와 같다.

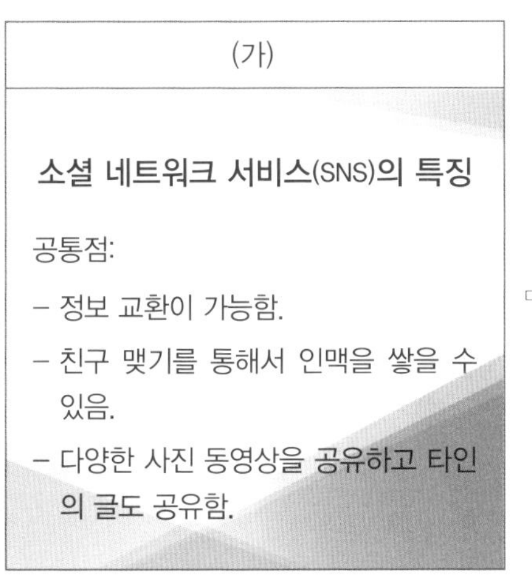

⇨

슬라이드 (가)에는 유사한 점을 갖는 각각의 대상이 무엇인지를 제시하지 않았다. 발표자는 공통점을 설명할 때는 슬라이드 (나)와 같이 비교 대상과 공통점을 명확하게 제시하도록 한다.

[예시 2]

다음으로 중국과 한국의 전통 건물을 비교해 보겠습니다. 중국 건물은 한국 건물과 마찬가지로 단청이 매우 화려합니다. 그러나 중국 건물 지붕의 용마루는 직선 형태인 데 반해 한국 건물 지붕의 용마루는 곡선 형태입니다.

[예시 2]의 발표 주제는 한국과 중국의 전통 건물이다. 두 대상은 단청을 화려하게 칠한다는 공통점이 있으나, 용마루의 형태가 직선이냐 곡선이냐에 차이가 있다는 점을 설명하고 있다. 이를 슬라이드로 나타내면 다음과 같다.

(가)

⇨

(나)

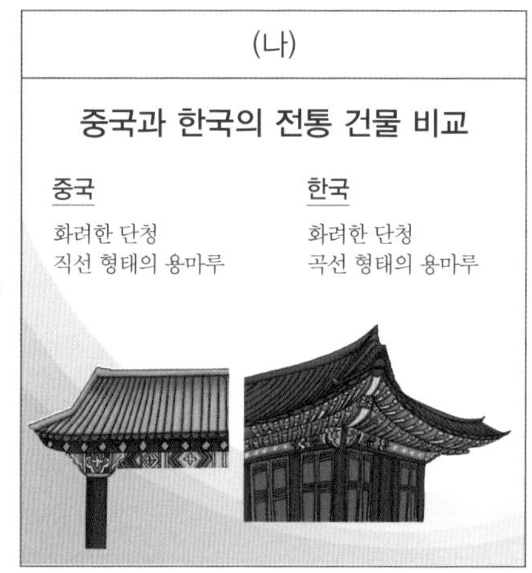

두 슬라이드 모두 대상 간의 차이를 명확하게 보여 주기 위해 사진 자료를 사용하였다. 이와 같이 주제를 발표할 때 사진이나 그림 같은 시각 자료를 활용하는 것은 청중의 신뢰도를 높일 수 있다. 그러나 사진 자료만 제시한 슬라이드 (가)보다는 사진 자료와 핵심적인 내용을 함께 제공한 슬라이드 (나)가 청중이 발표 내용을 따라가는 데 효과적이다. 또한 청중은 슬라이드의 제목을 통해서 발표가 어떻게 진행되고 있는지 방향을 짐작할 수 있기 때문에 슬라이드 (나)와 같이 각 장에 제목을 쓰는 것이 바람직하다.

[예시 3]

방송 매체 중 라디오와 텔레비전은 동시에 많은 사람에게 신속하게 정보를 전달하며, 시공간을 초월한 의사소통이 가능하다는 장점이 있지만, 기기와 전원이 있어야 방송을 듣고 볼 수 있다는 단점이 있습니다. 라디오와 텔레비전은 이처럼 공통적인 특성을 지니지만 전달 형태에는 차이가 있습니다. 라디오는 음성으로만 전달하나 텔레비전은 음성, 영상, 문자 등을 통해 전달합니다.

[예시 3]은 방송 매체에 대한 주제 발표의 일부로 라디오와 텔레비전의 차이점과 공통점을 비교하고 대조하여 설명하고 있다. 이를 슬라이드로 나타내면 아래와 같다.

(가)

◆ 방송 매체

라디오
- 음성만 전달함
- 동시에 많은 사람에게 정보 전달
- 시공간을 초월한 의사소통 가능

텔레비전
- 음성만 전달함
- 동시에 많은 사람에게 정보 전달
- 시공간을 초월한 의사소통 가능

⇨

(나)

◆ 라디오와 텔레비전의 특성

	라디오	텔레비전
전달 형태	음성	음성, 영상, 문자 등
특성	• 동시에 많은 사람에게 신속하게 정보를 전달한다. • 시간과 공간을 초월한 의사소통이 가능하다. • 기기와 전원 공급이 필요하다.	

슬라이드 (가)는 두 가지 대상을 비교·대조하여 설명한다기보다 라디오와 텔레비전의 특성을 각각 기술하였기 때문에 라디오와 텔레비전의 공통점과 차이점을 쉽게 파악하기 어렵다. 이와 달리 슬라이드 (나)는 차이점과 공통점을 한눈에 파악할 수 있다.

두 대상을 비교·대조할 때에는 라디오와 텔레비전의 공통적인 장점과 단점을 설명한 후에 차이점을 설명하는 방법, 다음으로 라디오의 전달 형태와 특성을 설명한 후에 텔레비전의 전달 형태와 특성을 설명하는 방법, 마지막으로 라디오와 텔레비전의 전달 형태를 설명한 후에 라디오와 텔레비전의 공통적인 특성을 설명하는 방법이 있다.

연습

※ 다음 중 두 문장을 외운 후, 유창하고 정확하게 말해 보십시오.

1. 2D 프린터와 3D 프린터 모두 이미지 즉 글자나 그림을 인쇄하는 원리는 같습니다. 2D 프린터는 출력을 맡은 헤드 부분이 앞뒤, 좌우로만 움직이지만, 3D 프린터는 여기에 상하로의 움직임을 더하여 입체물을 만들어낸다는 점에서 차이가 있습니다.
2. 라디오와 텔레비전은 많은 사람에게 동시에 신속한 정보를 전달하며 시공간을 초월한 의사소통이 가능하다는 점에서 유사하나 전달 형태에는 차이가 있습니다.
3. 축구와 농구 모두 공을 가지고 팀을 이루어 경기를 진행하지만 팀을 구성하는 인원 수에는 차이가 있습니다.
4. 2차 산업은 자연 환경을 이용해 생산하는 1차 산업과는 달리 1차 산업에서 얻은 생산물이나 자원을 가공하여 필요한 물건을 생산합니다.

과제

1. '문자 언어와 음성 언어'에 관한 발표입니다. 아래 표를 사용해 문자 언어와 음성 언어를 비교 · 대조해 봅시다.

	문자 언어	음성 언어
표현 방법	쓰기	말하기
이해 방법	읽기	듣기
시간의 제약	없음	있음
내용 전개	논리에 따라	말하는 상황에 따라
기능	• 감정, 의견 등을 표현함. • 지식이나 정보를 전달함. • 지식을 함양하고, 사고력을 신장할 수 있도록 지원함.	

2. 다음의 주제에 관해 발표하려고 합니다. 슬라이드에 제시된 대상들을 비교 · 대조하는 슬라이드를 만들어 발표해 봅시다.

1. 빈칸을 채워 봅시다.

대상의 공통점을 ◯◯하거나 ◯◯◯을 ◯◯하는 설명 방식을 비교·대조하기라고 한다. 대표적인 표현으로는 '~와/과 마찬가지로', '~와/과는 달리', '~와/과 유사하게', '~와/과는 대조적으로', '~는 점에서 공통점을 찾을 수 있다', '~는 데 반해' 등이 있다.

2. '비교·대조하기'의 개념을 설명하고 예를 들어 봅시다.

◆ 실전 발표 기회를 찾는 방법 ◆

진정한 발표는 청중을 실제로 대면하는 것이다. 발표자가 발표 내용을 주제에 맞게 효과적으로 구성하고, 혼자 집에서 많이 연습해도 청중 앞에 서거나 연단 위에 올라서면 당황하는 경우가 많다. 청중 앞에 서는 것이 편하고, 연단 위에 올라서도 부담을 느끼지 않게 하기 위해서는 발표 경험을 많이 쌓는 방법밖에 없다. 하지만 나의 발표를 경청해 줄 청중을 한날 한자리에 모으는 것은 그리 쉬운 일이 아니다.

그렇다고 방법이 없지는 않다. 여러분의 대학을 잘 살펴보면 발표 동아리, 스피치 클럽들이 있을 것이다. 그리고 지역 사회에 존재하는 스피치 동호회, 발표 동호회들을 볼 수 있을 것이다. 그중 '토스트마스터즈클럽(Toastmasters Club)'은 규모가 크고 전통이 오래되었다. 이러한 동호회에 가입하여 실전 발표 경험을 쌓으면 발표 능력 향상에 큰 도움이 된다.

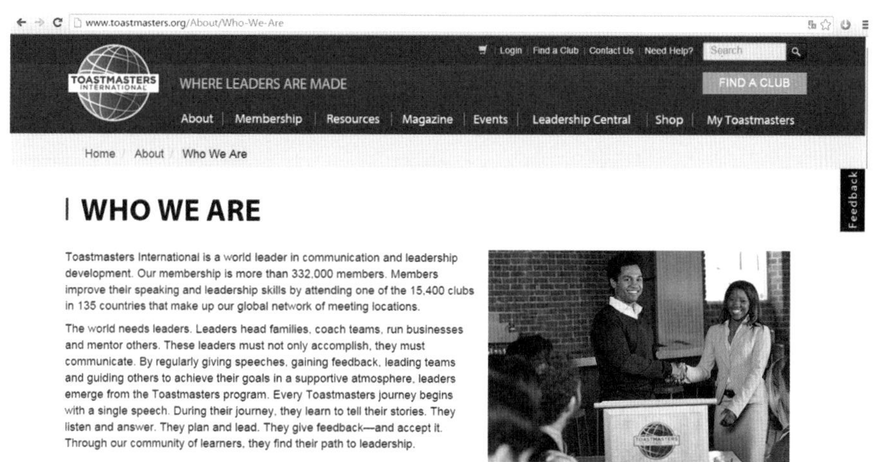

http://www.toastmasters.org/에서 여러분의 나라, 대학, 지역에 존재하는 발표 동호회를 찾아보면 어떨까? 이러한 모임에 참여하는 것이 여의치 않다면 주변 친구들과 발표 동아리를 만들어 보는 것은 어떨까?

• • • 11과 • • •

자료 제시하기

생각해 보기

1. 발표 내용을 구체적으로 설명하기 위해 발표자가 제시하는 자료에는 어떤 것이 있는지 이야기해 봅시다.

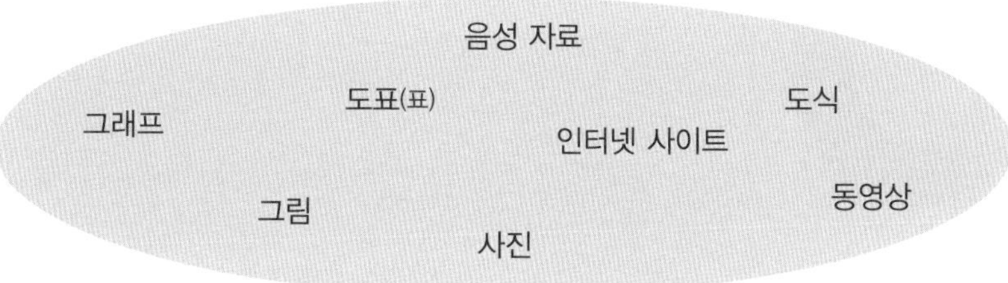

2. 아래 제시된 'SNS 이용 추이 분석' 자료를 설명해 봅시다.

SNS 이용 추이 분석

순위	SNS	2012년	2013년	증감률(%p)
1	카카오스토리	31.5	55.4	+23.9
2	페이스북	28.0	23.4	-4.6
3	트위터	19.4	13.1	-6.3
4	싸이월드 미니홈피	17.0	5.5	-11.5
5	기타	4.0	1.3	-2.7

출처: 정보통신정책연구원(KISDI)(2013)의 「SNS 이용 추이 분석」

학습목표

1. 도표, 그래프, 그림, 사진 등의 자료를 제시하며 설명할 수 있다.
2. 자료 제시하기 방식으로 슬라이드를 작성할 수 있다.

무엇인가를 발표하다 보면 주제를 뒷받침하는 구체적인 통계 수치를 포함하는 도표나 그래프, 한눈에 내용을 이해할 수 있는 그림이나 사진 등을 슬라이드에 제시하는 것이 좋음을 알게 된다. 발표의 신뢰도를 높이기 위해서는 청중에게 자료를 보여 주기만 하는 것이 아니라 그 내용을 잘 설명할 수 있어야 한다.

보기

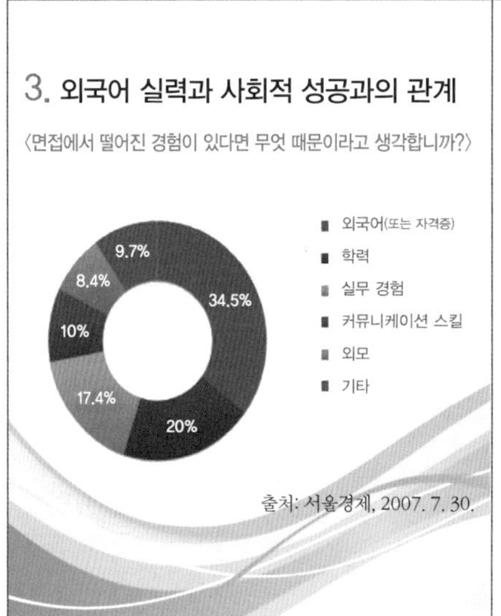

다음은 서울경제 신문에 보도된 설문 결과입니다. 보시다시피 구직자 세 명 중 한 명은 외국어나 자격증 때문에 면접에서 떨어졌다고 생각하는 것으로 나타났습니다. 면접에서 떨어진 이유를 응답자의 34.5%가 외국어(또는 자격증)로 꼽았고, 학력(20.0%), 실무 경험(17.4%), 커뮤니케이션 스킬(10.0%), 외모(8.4%) 등이 그 뒤를 이었습니다. 이 결과를 보면 사람들은 외국어 실력이 사회적 성공에 도움이 된다고 생각하는 경향이 있음을 알 수 있습니다.

▼

자료 출처: 서울경제 신문, 슬라이드에서 제시한 그래프

조사 결과: 구직자 세 명 중 한 명은 외국어나 자격증 때문에 면접에서 떨어졌다고 생각한다. 다음으로 학력, 실무 경험, 커뮤니케이션 스킬, 외모 등이 그 뒤를 이었다.

내용 해석: 외국어 실력이 있으면 사회적으로 성공하는 데 도움이 된다.

다음은 자료를 제시할 때 자주 사용하는 표현들이다.

유용한 표현

- 그래프(그림, 표)에서 알 수 있듯이
- 다음은 ~을/를 나타내는 표/그림/그래프입니다.
- ~에서 보다시피 ~이/가 ~을/를 차지하고 있습니다.
- ~에서 제시한 바와 같이 ~(으)로 나타났습니다.

자료 제시하기 방식으로 설명한 예시 자료들을 살펴보자.

[예시 1]

도표에 나타난 바와 같이 일반적으로 가격은 소비자의 의사를 반영하는 수요 곡선과 생산자의 의사를 반영하는 공급 곡선이 만나는 지점에서 결정됩니다.

[예시 1]은 시장 경제에서 가격이 어떻게 결정되는가를 설명하기 위하여 아래 슬라이드와 같이 그래프를 통해 그 내용을 설명하고 있다.

(가)

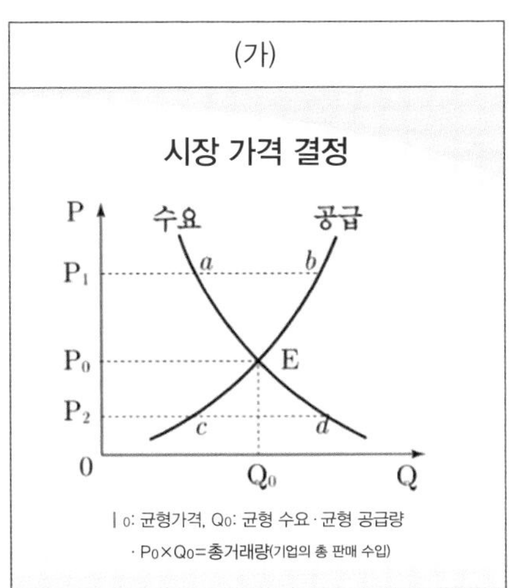

⇨

(나)

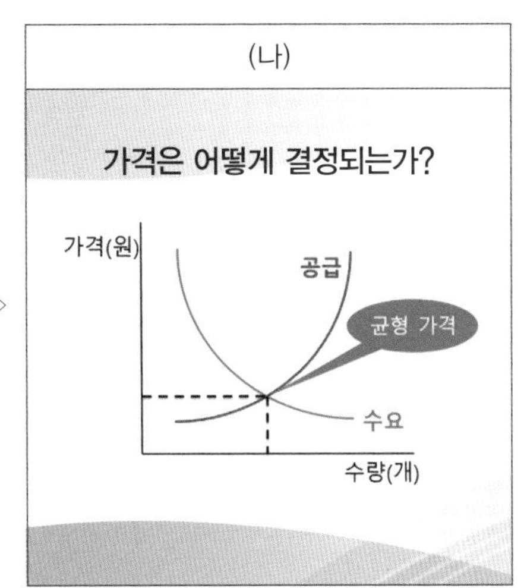

내용을 전달할 때는 슬라이드 (가)처럼 출처를 밝히지 않은 채 자료를 그대로

가져오거나 무조건 많은 정보를 보여 주는 자료보다는 슬라이드(나)와 같이 전달하고자 하는 내용만 간단하고 명료하게 재조직하여 제시하는 것이 바람직하다.

[예시 2]

지구의 평균 기온이 일정하게 유지되는 것은, 그림을 통해 알 수 있듯이, 온실 효과 때문입니다. 태양에서 나온 에너지는 지구에 도달한 후 다시 우주로 나가게 됩니다. 이때 지구의 복사 에너지 일부는 대기권의 온실 가스에 흡수되어 대기와 지표면의 온도가 일정하게 유지되도록 하는데, 이를 온실 효과라고 합니다.

[예시 2]는 온실 효과의 개념을 설명하기 위하여 아래 슬라이드와 같이 그림 자료로 제시하고 있다.

(가)

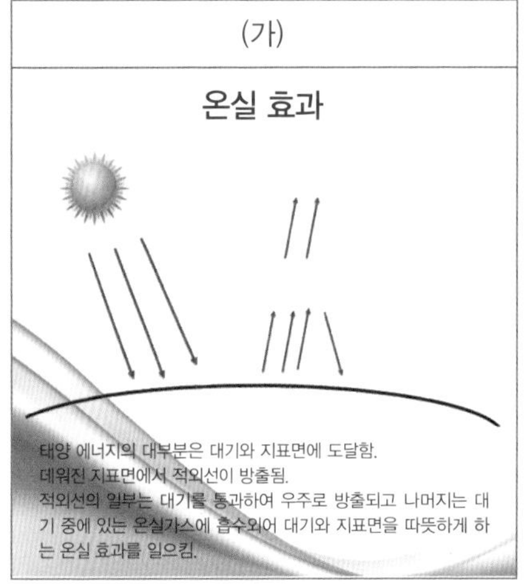

⇨

(나)

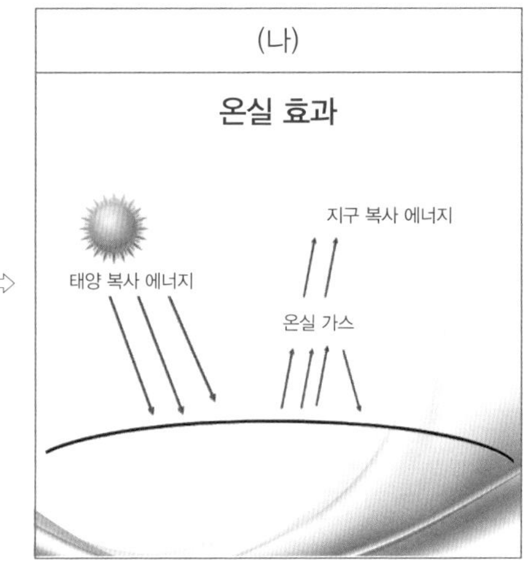

발표자가 그림, 사진 등의 자료를 보여 줄 때는 청중이 발표자의 설명을 듣기 전 내용을 시각적으로 미리 짐작할 수 있어야 한다. 청중의 이해를 돕기 위한 어휘는 제시하지만 슬라이드 (가)와 같이 말로 전달해도 되는 것들까지 슬라이드에 모두 담을 필요는 없다. 슬라이드 (나)처럼 핵심적인 내용만 담으면 된다. 어렵고 복잡한 원리를 설명하는 그림과 긴 글을 동시에 제시하는 슬라이드는 청중들이 내용을 이해하는 데 도움을 주지 않는다.

[예시 3]

정보통신정책연구원에서 조사한 〈SNS 이용 추이 분석〉 자료에 따르면 서비스사별 이용률 순위는 2012년, 2013년 모두 동일하게 나타났습니다. 2013년에 카카오스토리가 55.4%로 1위, 페이스북이 28.0%로 2위, 다음으로 트위터 19.4%, 싸이월드 17.0%, 기타 4.0%가 뒤를 잇고 있습니다. 카카오스토리가 2012년 대비 23.9%p 증가한 반면, 다른 서비스는 모두 이용률이 감소하였는데, 특히 싸이월드 미니홈피가 －11.6%p로 가장 많이 감소했습니다. 이처럼 서비스사별 이용률에 큰 격차가 나타났습니다. SNS 이용자의 절반 이상이 카카오스토리에 집중된 것으로 보아 네트워크 효과 즉 Network Effect가 나타난 것으로 해석할 수 있습니다. 다시 말해 카카오스토리를 이용하는 사용자가 많아지니 더 많은 사용자가 몰린 것으로 보입니다.

SNS 이용 추이 분석

순위	SNS	2012년	2013년	증감률
1	카카오스토리	31.5	55.4	+23.9%p
2	페이스북	28.0	23.4	-4.6%p
3	트위터	19.4	13.1	-6.3%p
4	싸이월드 미니홈피	17.0	5.5	-11.5%p
5	기타	4.0	1.3	-2.7%p

출처: 정보통신정책연구원(KISDI)(2013)의 「SNS 이용 추이 분석」

[예시 3]은 SNS 이용 현황을 설명하기 위하여 정보통신정책연구원에서 조사한 'SNS 이용 추이 분석' 자료를 사용하고 있다. 이와 같은 도표를 설명할 때는 우선 자료의 출처를 밝힌 후, 서비스별 순위 그리고 2012년과 2013년의 이용률을 비교하여 설명한다. 이때 전체적인 경향과 구체적인 수치를 함께 제시하여 핵심적인 내용과 구체적인 근거를 청중에게 전달할 수 있도록 한다. 그리고 더 나아가 이러한 결과가 나타난 이유나 원인을 유추해 본 후 발표자의 해석을 덧붙인다.

연습

※ 다음 중 두 문장을 외운 후, 유창하고 정확하게 말해 봅시다.

1. 그래프에서 보시다시피 구직자 세 명 중 한 명은 외국어나 자격증 때문에 면접에서 떨어졌다고 생각하는 것으로 나타났습니다.
2. 지구의 평균 기온이 일정하게 유지되는 것은, 그림을 통해 알 수 있듯이 온실효과 때문입니다.
3. 정보통신정책연구원에서 조사한 〈SNS 이용 추이 분석〉 자료에 따르면 서비스사별 이용률 순위는 2012년, 2013년 모두 동일하게 나타났습니다.
4. 슬라이드에 나타난 사진을 통해 알 수 있듯이 환경 오염의 폐해가 심각합니다.

과제

1. 아래는 '2011년 주요국 실업률'에 대한 그래프 자료입니다. 전체적인 경향과 구체적 수치를 파악한 후, 발표자의 해석을 덧붙여 설명해 봅시다.

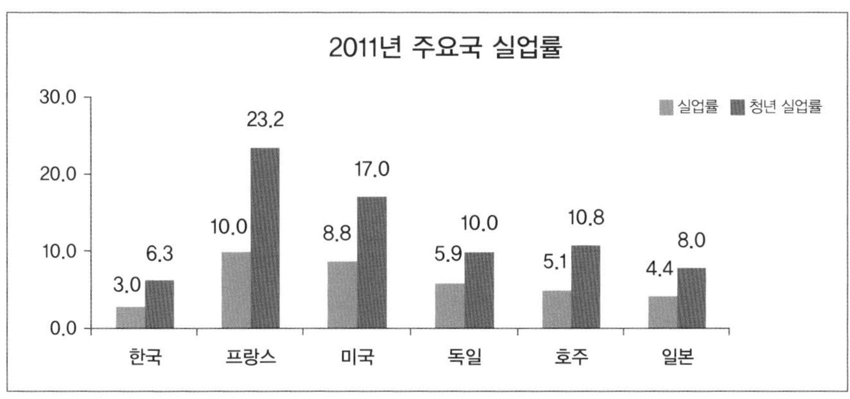

출처: 통계청(2011)

2. 아래 주제에 관해 발표하려고 합니다. 슬라이드에 제시된 주제와 관련된 자료를 찾아 이를 바탕으로 슬라이드를 만들어 발표해 봅시다.

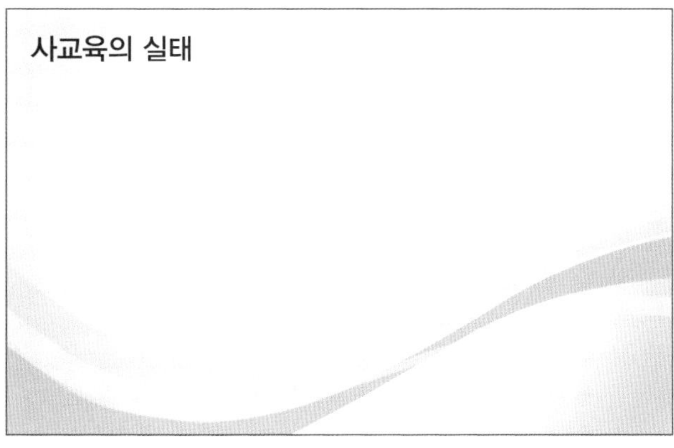

1. 빈칸을 채워 봅시다.

발표 내용을 구체적으로 설명하거나 주장을 뒷받침하기 위해 제시하는 자료에는 ○○○, 도표, ○○, ○○, ○○○ ○○○ 등이 있다. 이때 우선 자료 출처를 밝히고, 다음으로 자료의 내용을 설명한 후, 마지막으로 발표자의 ○○을 덧붙인다.

2. 발표할 때 제시할 수 있는 자료의 유형에 대해 설명해 봅시다.

◆ 그나마 들을 만한 말더듬? ◆

청자가 화자의 말을 듣기 불편해하는, 즉 유창성을 저해하는 말더듬의 유형을 암브로즈 · 야이리(Ambrose & Yairi, 1999)는 단어 일부 반복, 단음절 단어 반복, 장음화, 군말 삽입, 수정 반복, 다음절 단어 반복 등 6가지로 제시한 바 있다. 실제 외국인 유학생의 발화로부터 실례를 찾아 정리하면 아래와 같다.

유형		예	비고
반복	단어 일부 반복	있 있거나	의도적 반복 제외
	단음절 단어 반복	그 그 사진	
	다음절 단어 반복	이렇게 이렇게 되어 있습니다.	
	구 반복	먼저 목차 – 먼저 목차를 보겠습니다.	
군말 삽입		초등학교 다녔기 때문에 그냥 뭐지?	–
수정		제 – 바 보고서의 주제는	–
장음화		산업화 – 로 인 – 한 부작용 중 하나입니다.	표현적 장음 제외

출처: 홍은실(2014: 106)

말을 하다 보면 말더듬을 피할 수는 없겠지만 단어의 일부만 반복하는 것보다는 완결된 단어나 구를 반복하는 것이 청자에게 덜 불편하게 들린다. 특별한 효과를 주기 위해서 말을 길게 끄는 경우를 제외하고는 장음으로 더듬는 것보다는 차라리 휴지를 짧게 두는 것이 좋다.

••• 12과 •••

논거 제시하기

생각해 보기

※ 아래 주장에 대해 찬성 또는 반대의 입장을 정하여, 자신의 주장을 뒷받침할 논리적인 근거를 말해 봅시다.

1. 아래 주장에 대해 찬성 또는 반대의 입장을 정해 봅시다.

	찬성	반대
(1) 학교에서의 체벌은 허용되어야 한다.	□	□
(2) 수업 시간에 모국어를 쓰는 것을 금지해야 한다.	□	□
(3) 유학생의 대학 입학 기준을 토픽 6급으로 조정해야 한다.	□	□
(4) 대학 등록금을 현재 1/2 수준으로 낮춰야 한다.	□	□

2. 각 주장을 뒷받침할 논리적인 근거를 제시해 봅시다.

학습목표

1. 자신의 주장을 뒷받침하는 논리적인 근거를 제시할 수 있다.
2. 주장을 뒷받침해주는 논거를 슬라이드에 효과적으로 제시할 수 있다.

'논거(논리적 근거) 제시하기'는 자신의 주장을 뒷받침하는 설명 방식이다. 논리적인 근거로 주관적인 생각을 제시하는 것은 적합하지 않다. 논거에는 사실 논거, 의견 논거가 있다. 사실 논거는 조사나 연구를 통해 검증된 사실, 역사적으로 인정된 사실, 이미 보편화된 사실에 바탕을 두며, 의견 논거 또는 소견 논거는 전문가나 권위자의 주관적인 견해, 다른 사람의 증언에 바탕을 둔다.

보기

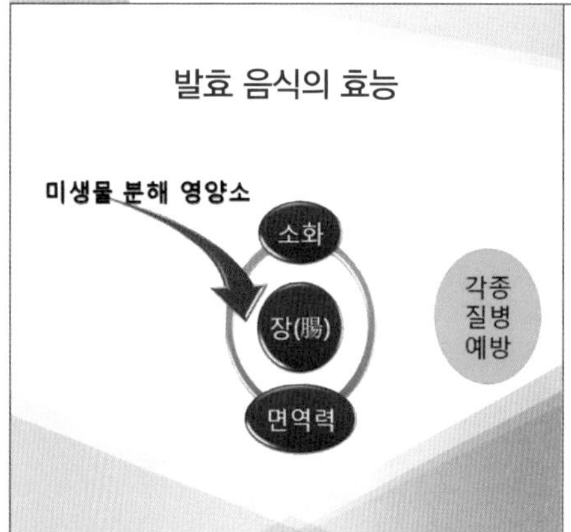

발효 음식이 우리 몸에 좋은 이유는 무엇일까요? 발효 음식에는 미생물이 분해한 영양소가 다량으로 함유되어 있어 이것이 소화를 도울 뿐만 아니라 우리 몸의 면역력을 강화해 각종 질병을 예방할 수 있습니다.

▼

주장: 발효 음식을 많이 먹으면 건강에 좋다.
근거: 발효 음식에는 미생물이 분해한 영양소가 다량으로 함유되어 있다. 이것은 소화를 도울 뿐만 아니라 면역력을 강화해 각종 질병을 예방한다.

유용한 표현

- 왜냐하면 ~기 때문입니다.
- ~는다고 생각하기 때문입니다.

[예시 1]

인간의 수명에는 체중, 식습관, 수면 패턴, 스트레스 등의 다양한 요소가 영향을 미칩니다. 오민정(2008)의 실험 결과에 따르면 평균 체중보다 10퍼센트가량 가벼운 사람들의 사망률이 가장 낮은 것으로 나타났습니다. 그러나 스트레스를 많이 받는 사람의 경우 체중과 상관없이 사망률이 높은 것으로 나타났습니다. 그리고 장문경(2009)의 실험에 따르면 평균 체중보다 5퍼센트 무거운 사람들의 사망률이 가장 낮은 것으로 나타났습니다. 이 연구에서는 체중보다 식습관과 수면 패턴이 수명에 더 큰 영향을 미치는 것으로 나타났습니다. 위의 연구 결과를 종합해 볼 때, 체중, 식생활, 수면 패턴, 스트레스 등의 요소가 복합적으로 수명에 영향을 준다는 사실을 알 수 있습니다. 즉 체중이 수명에 절대적인 영향을 미치지는 않는다는 것입니다.

[예시 1]은 수명에 영향을 주는 요소에는 체중, 식생활, 수면, 스트레스 등이 있다는 주장의 근거로 사실 논거인 실험 결과를 제시하고 있다. 구체적인 내용을 슬라이드로 표현하면 다음과 같다.

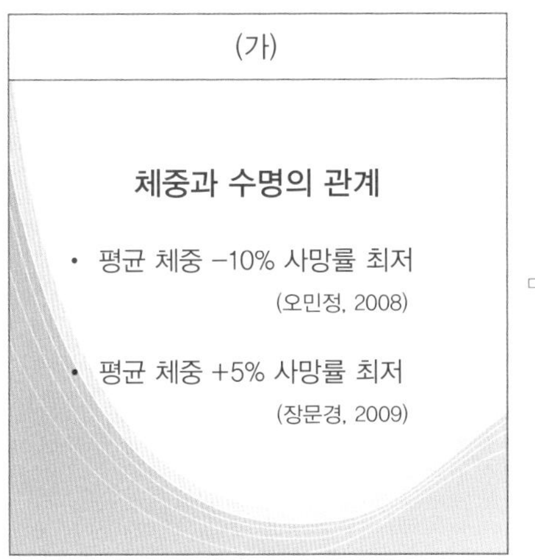

⇨

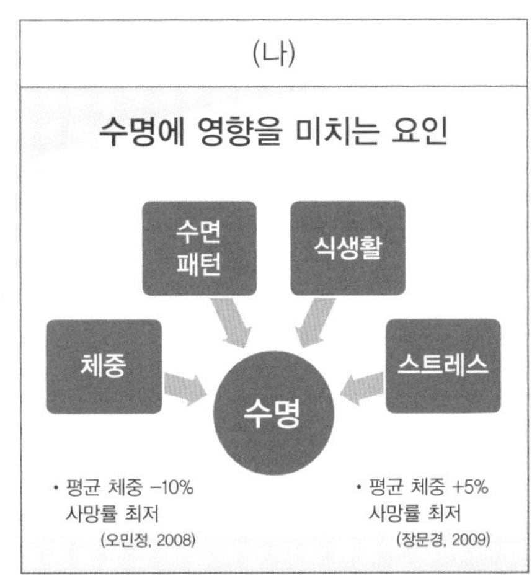

슬라이드 (가)는 발표의 주된 내용 중 하나인 체중과 수명의 관계를 제시하고 있으나 슬라이드에 발표자의 주장이 잘 드러나지 않으며, 내용도 열거만 되어 있을 뿐 내용 간의 관계를 이해하기 어렵다. 이보다는 슬라이드 (나)처럼 '수명에 영향을 미치는 요인'이라는 제목 아래에 수명과 체중, 식습관, 수면 패턴, 스트레스와의 관계를 도표로 시각화하여 제시하는 것이 좋다.

[예시 2]

청소년의 게임 중독으로 인한 문제점은 다음과 같습니다. 첫째, 건강에 악영향을 끼칩니다. 유지연(2012)에 따르면 게임할 때 오랫동안 앉거나 누워서 하기 때문에 비만이 되기 쉽고 목이나 손목에 이상이 생기기 쉽다고 합니다. 또한 시력도 저하된다고 합니다. 둘째, 폭력적 성향이 생길 수 있습니다. 윤산(2013)에서는 실험을 통해 폭력적인 게임을 즐겨 하는 청소년들은 폭력적인 성향을 보이는 경향이 많음을 밝힌 바 있습니다. 마지막으로, 게임 중독은 학습 능력의 저하를 초래할 수 있습니다. 게임에 중독되면 학습에 대한 집중력이 떨어져 성적에도 부정적 영향을 줄 수 있기 때문입니다. 이는 차준서(2014)에서 검증된 바 있습니다.

[예시 2]는 청소년의 게임 중독에 관한 발표이다. 게임 중독으로 인한 문제점을 나열하고 전문가의 의견 즉 의견 논거를 근거로 제시하였다. 전문가의 의견을 인용하여 주장을 뒷받침하는 것은 발표의 신뢰성을 높일 수 있는 방법 중 하나이다. 그리고 여러 전문가의 의견을 첫째, 둘째, 셋째 등의 논거로 종합하여 제시하면 더욱 효과적이다. 이를 슬라이드로 표현하면 다음과 같다.

(가)		(나)
청소년 게임 중독의 문제 1. 오랫동안 앉거나 누워서 게임하기 때문에 건강에 악영향을 끼칠 수 있다. 2. 폭력적인 게임을 즐기면 폭력적인 성향을 강하게 보인다. 3. 항상 게임만 생각하기 때문에 학습 능력이 저하된다.	⇨	**청소년 게임 중독의 문제** 1. 건강에 악영향(유지연, 2012) 2. 폭력적 성향 유발(윤산, 2013) 3. 학습 능력 저하(차준서, 2014)

이때에는 중요한 내용을 간단하고 명료하게 슬라이드에 제시하는 것이 효과적이다. 슬라이드 (가)와 같이 문장으로 길게 제시하는 것보다 슬라이드 (나)와 같이 객관성과 설득력을 높이기 위해 내용을 압축하여 보여 주는 것이 좋다. 그리고 신뢰할 만한 내용이라는 것을 나타내기 위하여 슬라이드에 전문가 의견의 출처(윤산, 2013 등)를 간략히 제시해도 좋다.

[예시 3]

안락사를 찬성하는 측의 의견은 살아날 가능성이 없는 사람에게 의료 비용이 많이 들어가기 때문에 가족들의 경제적 부담이 크다고 했는데 의료 비용의 부담 때문에 환자가 죽어야 한다면 이것은 사회가 살인을 저지르는 것입니다. 치료 비용을 가족들에게 지울 수밖에 없는 환자들은 살고 싶어도 생명을 포기할 수밖에 없을 것입니다. 2006년 전신 마비로 누워 있는 딸의 산소호흡기를 떼어내 죽게 한 아버지가 구속된 사건이 있었습니다. 아버지는 엄청난 딸의 치료비를 감당할 수 없었기 때문에 해서는 안 될 행동을 저질렀다고 말했습니다.

모든 사람들의 생명은 가치가 있으므로 우리는 최대한 그것을 존엄하게 여겨야 한다고 생각합니다. 안락사가 실행된다면 생명이 아닌 다른 이유 때문에 사람을 죽이게 되는 일이 빈번하게 일어날 수도 있습니다.

[예시 3]은 안락사에 대해 반대하는 입장을 밝히고 있다. 주장에 대한 근거로 하나의 사례를 들면서 경제적 어려움과 같은 이유로 개인의 생명을 다른 사람이 결정할 수 없다고 주장하고 있다. 이처럼 주장과 관련된 구체적 일화를 근거로 제시하는 것도 효과적이다. 이를 슬라이드로 나타내면 다음과 같다.

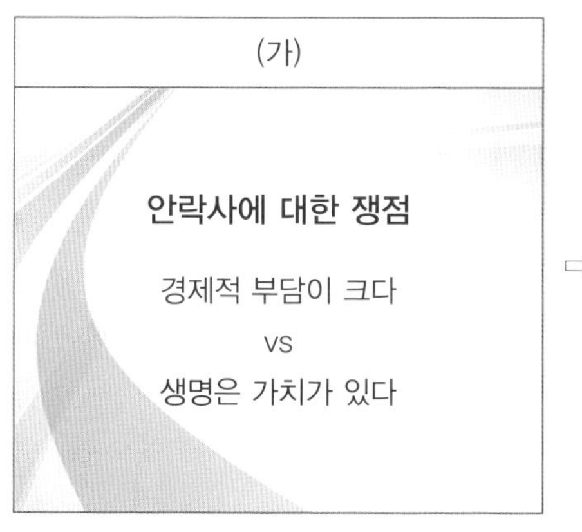

⇨

슬라이드 (가)는 간명하게 안락사에 대한 쟁점을 보여주기는 하나 효과적인 발표 내용과는 거리가 멀다. 발표 내용은 주로 안락사에 대해 반대하는 입장에서 구체적인 사례로 신문 기사 자료를 제시하고 있으므로 신문 기사 내용을 사용한 슬라이드 (나)가 발표에 어울린다.

연습

※ 다음 중 한 문장을 외운 후, 유창하고 정확하게 말해 보십시오.

1. 발효 음식은 몸의 면역력을 강화해 각종 질병을 예방하기 때문에 먹어야 합니다.
2. 청소년의 게임 중독은 학습 능력의 저하를 초래하므로 심각한 문제입니다.
3. 동물 실험을 금지해야 한다고 생각합니다. 왜냐하면 동물도 감정과 의식이 있는데, 동물 실험으로 동물이 겪어야 하는 고통이 매우 크기 때문입니다.

과제

※ 아래 자료를 참고하여 '비언어적 요소의 중요성'에 대해 발표해 보십시오.

(1) 주제를 뒷받침할 논거를 제시해 봅시다.

(2) 비언어적 요소에 대한 이해를 돕기 위해 예를 들어 설명해 봅시다.

주제: 비언어적 요소는 의미를 전달하는 데 매우 중요한 역할을 한다.

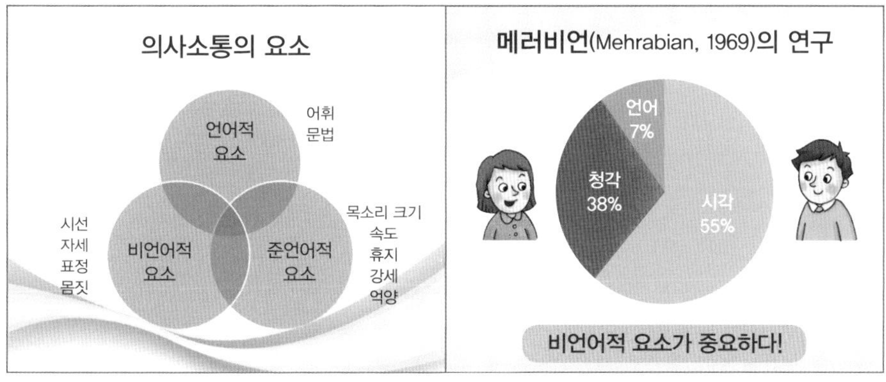

1. 빈칸을 채워 봅시다.

자신의 주장을 뒷받침하기 위해 논리적인 근거, 즉 ○○를 제시하는데 이때 ○○ 논거와 ○○ 논거가 있다. ○○ 논거는 조사나 연구를 통해 검증된 사실, 보편적으로 또는 역사적으로 인정된 사실이며, ○○ 논거는 전문가나 권위자의 견해, 다른 사람의 증언에 바탕을 둔다.

2. '논거 제시하기' 개념과 유의점에 대해 설명해 봅시다.

◆ 파워포인트 사용에 대한 부정적 견해 ◆

※ 아래 신문 기사를 읽고 파워포인트의 장점과 단점에 대해 생각해 봅시다.

[김인수 기자의 사람이니까 경영이다]

파워포인트는 우리를 바보로 만든다

– 매일경제 2014년 7월 23일자

정태영 현대카드 사장이 최근 사내에서 파워포인트 사용을 한 달간 금지한다는 글을 페이스북에 올렸다. 이유는 파워포인트가 업무 효율을 해치는 공공의 적이라는 것. 정 사장은 "각종 보고서는 물론 동호회 모임 고지까지 파워포인트로 정성스럽게 만드는 습관을 업무 효율을 해치는 공공의 적으로 기업문화 팀이 발표. 전화나 이메일로 간단히 알리면 될 일도 PPT를 써야 멋있거나, 정중한 것처럼 생각하는 잘못된 문화를 필히 바로 잡겠다고. 나도 대찬성."이라고 페이스북에 썼다.

파워포인트는 단순히 업무 효율만 떨어뜨리는 부작용만 있는 게 아니다. 파워포인트는 깊이 있는 생각을 가로막는다. 그래서 우리를 바보로 만든다. 제프 베조스 아마존 최고경영자(CEO)는 이 같은 사실을 잘 알고 있는 것 같다. 지난해 베조스 CEO는 사내에서 파워포인트 사용을 금지했다. 대신 6쪽 분량의 메모로 사안을 '묘사'할 것을 요구했다. 직원들이 글을 쓰고 천천히 생각하는 환경을 창조하기 위해서라는 게 이유였다.

미군도 파워포인트의 해악을 잘 알고 있는 조직이다. 그래서 파워포인트 사용을 규제했다. 미군의 이 같은 흐름을 보도한 뉴욕타임즈 기사 제목은 매우 흥미롭다. '우리는 적을 만났다. 그것은 바로 파워포인트다.(We have met the enemy and he is PowerPoint.)' 뉴욕타임즈 기사에 따르면 미국 중부사령관을 역임한 제임스 매티스 장군은 2010년 4월 한 군사 콘퍼런스에서 "파워포인트는 우리를 어리석게 만든다.(PowerPoint makes us stupid.)"고 밝혔다. 이라크 전쟁 당시 북부 거점 도시 탈 아파르(Tal Afar)를 장악하는 데 성공한 H.R. 맥마스터 장군은 파워포인트 사용을 아예 금지시켰다. 뉴욕타임즈에 따르면 맥마스터 장군은 그 이유를 이렇게 설명했다. "그것(파워포인트)는 위험합니다. (상황을) 이해하고 있다는 환상, 통제하고 있다는 환상을 창조하기 때문이지요."

실제로 파워포인트는 사실을 지나치게 단순화한다. 정치, 경제, 윤리적인 맥락은 파워포인트의 큰 글씨 뒤에 숨어 버린다. 그 같은 복잡한 맥락을 보지 못한 채, 파워포인트의 큰 글씨에만 집중하다 보면, 우리는 진짜 중요한 정보를 놓치게 된다. 그래서 마치 문제를 이해하고 있는 듯한, 그래서 문제를 통제하고 있다는 착각에 빠지기 일쑤다.

이를 보여주는 대표적인 사례가 우주 왕복선 컬럼비아호 참사다. 컬럼비아호는 2003년 2월 우주에서 지구로 귀환하는 중에 폭발했다. 문제는 컬럼비아호가 폭발한 가능성을 사전에 충분히 알 수 있었다는 것. 그러나 과학자는 그 같은 가능성을 과소평가했다. 여기에는 파워포인트가 한몫했다.

컬럼비아호는 지구에서 우주로 이륙할 때, 연료 탱크에서 서류 가방 크기의 단열재가 떨어져 나왔다. 이 단열재는 왼쪽 날개의 방열판에 충돌했다. 바로 이때 발생한 손상이 콜럼비아호 폭발의 원인이 됐다. 우주선이 대기권에 진입했을 때 받게 되는 고온의 열을 견디지 못하게 된 것이다.

당시 NASA의 잔해 평가 팀(Debris Assessment Team) 소속 과학자들은 그 같은 손상이 컬럼비아호 안전에 어떤 영향을 미칠 수 있는지를 조사하고 실험했다. 이 같은 조사는 콜럼비아호가 우주에 떠 있는 동안 진행됐다. 잔해 평가 팀은 파워포인트 슬라이드를 활용해 '미션 평가실(Mission Evaluation Room)'에 조사 내용을 보고했다. 그러나 당시 보고에서 컬럼비아호 폭발 가능성은 간과되고 말았다.

중요한 원인 중 하나는 파워포인트였다. 컬럼비아호 사고 조사 위원회 보고서 191쪽에는 이 같은 사실이 적시돼 있다. 예를 들어 안전과 관련된 핵심 정보는 파워포인트 슬라이드의 맨 아래쪽에 표시돼 있었다. 연료 탱크에서 떨어져 나간 단열재 조각의 크기는 잔해 평가 팀이 안전성 평가를 위해 사용한 데이터 크기의 640배에 이르렀다는 정보였다. 이 같은 핵심 정보는 간과됐을 가능성이 커 보인다. 브리핑을 들으면서 슬라이드의 맨 아래까지 눈길을 주는 사람은 별로 없기 때문이다.

파워포인트에 쓰인 단어도 애매모호했다. 무려 5차례나 쓰인 'significant(중요한)'가 그랬다. 읽기에 따라서는 승무원 전원이 사망할 수 있다는 뜻일 수도 있었지만, 전혀 다른 뜻으로 받아들일 수도 있었다. 슬라이드 제목(Review of Test Data Indicates Conservatism for Tile Penetration)도 뜻이 애매모호해 혼선을 일으키기에 충분했다. 슬라이드에는 입방 인치(cubic inch)라는 단위조차도 표기가 일관되지 않았다.

이처럼 파워포인트에는 애매모호하고 추상적인 단어가 큰 글씨로 사용되는 경우가 많다. 하지만 브리핑을 듣는 사람들은 마치 자신이 그 뜻을 이해하고 있다는 환상에 빠진다. 그래서 큰 글씨 뒤에 숨은 진짜 중요한 정보와 맥락을 놓치기 쉽다.

컬럼비아호 조사 보고서 역시 이 같은 사실을 분명히 적시하고 있다. "실제 분석을 한 사람으로부터, 중간 관리자를 거쳐 최고 리더들에게 정보가 보고가 되는 과정에서, 핵심 설명과 부연 정보가 생략됐다. 선임 관리자는 이 파워포인트가 생명에 위협이 되는 상황을 다루고 있다는 사실을 깨닫지 못할 수 있었다." 파워포인트가 천재라는 NASA의 과학자들을 어리석게 만든 것 같다.

출처: http://m.mk.co.kr/news/headline/2014/1019844

••• 13과 •••

실전 발표

• 기초 연습 •

※ '표절'을 주제로 하여 5분 발표를 준비하려고 합니다. 아래 자료들을 활용하여 발표할 내용을 정리해 봅시다.

자료 1: 김경훤 외(2012)

표절은 다른 사람의 생각이나 방법 혹은 글로 표현된 말을 출처를 밝히지 않고 가져오는 행위를 말한다. 표절은 타인의 업적이나 지적 소유물을 부정직하게 자신의 것으로 만드는 학문적 절도 행위로 학습 윤리 위반 행위 중 가장 저지르기 쉬운 행위이다.

의도성이 없을지라도 무의식적으로 다른 이의 글 일부분을 변형하고 수정하여 자신의 글인 것처럼 제출했을 수도 있으나 이런 경우들도 표절이다. 실제로 최근 몇몇 국내 대학들의 연구 윤리 강령에 따르면 표절은 '타인의 생각, 연구 내용, 결과 등을 정당한 인용 없이 사용하는 행위'로 정의하고 있다. 이 정의는 표절의 기준을 의도성보다는 '인용 절차의 유무'로 정한다는 점에서 더욱 포괄적이라고 할 수 있다.

자료 2: 김기태(2013)

문제가 되고 있는 표절의 유형들을 살펴보면 다음과 같은 것들이 있다.

① 아이디어 표절: 창시자의 공적을 인정하지 않고 전체나 일부분을 그대로 또는 피상적으로 수정해서 그의 아이디어(설명, 이론, 결론, 가설, 은유 등)를 도용하는 행위를 말한다. 저자는 통상 각주 또는 참고 인용의 형태를 통해 아이디어의 출처를 밝힐 윤리적 책무가 있다. 저자는 타인의 연구 제안서 및 기고 원고에 대한 동료 심사 등을 통해 알게 된 타인의 아이디어를 적절한 출처와 인용 없이 도용해서는 안 된다.

② 텍스트 표절: 저자를 밝히지 않고 다른 사람이 저술한 텍스트의 일부를 베끼는 행위를 말한다. 전형적인 표절 행위에 해당하는 것으로, 범죄 행위로 보아도 무방하여 저작권자의 요청이 있는 경우 형사상 책임뿐만 아니라 민사상 책임까지도 피할 수 없는 유형이다.

③ 모자이크 표절: 다른 사람이 저술한 텍스트의 일부를 조합하거나, 단어를 추가 또는 삽입 하거나, 단어를 동의어로 대체하여 사용하면서 원저자와 출처를 밝히지 않는 행위를 말한다. 고도의 전문 지식을 갖추지 않는 한 제3자가 발견해 내기 어려운 표절 유형이지만, 해당 전문 분야에서 여러 연구자들이 함께 연구하는 과정에서 발각될 수밖에 없는 파렴치한 행위가 아닐 수 없다.

④ 아이디어 왜곡: 다른 사람의 말과 생각임을 인정하지 않고 그 사실을 왜곡하는 행위를 말한다. 다른 사람의 말과 생각을 자신이 쉽게 풀어쓸 때에는 자신의 생각과 일치하지 않더라도 원문의 표현을 그대로 살려야 함에도 그렇게 하지 않는 것을 가리킨다. 인용문을 짧게 줄일 경우에도 그 사실을 알리고 해당 인용문의 핵심적인 생각을 훼손하지 않아야 한다.

과제

1. 위의 정보를 바탕으로 발표를 위한 문장을 만들고 연습해 봅시다.

▶ 표절의 정의는 무엇인가?

✓ 표절이란 다른 사람의 생각이나 방법 혹은 글로 표현된 말을 출처를 밝히지 않고 가져오는 행위를 말합니다.

▶ 표절의 유형에는 어떠한 것이 있는가?

✓ 표절은 크게 아이디어 표절, 텍스트 표절, 모자이크 표절, 아이디어 왜곡의 4가지로 나뉩니다.

2. 위의 정보를 바탕으로 개요를 작성해 봅시다.

주제	표절의 개념과 유형
주제 선정 이유 및 목적	표절에 대해 잘 모르기 때문에 정확하게 알고 싶다.
발표 순서	표절의 개념 표절의 유형
본문 내용	1. 표절의 개념 - 정의 - 특징 2. 표절의 유형 - 아이디어 표절 - 텍스트 표절 - 모자이크 표절 - 아이디어 왜곡
결론	표절에 대한 인식 제고와 글쓰기 교육의 필요성

3. 개요를 바탕으로 내용을 구성해 봅시다.

▶ 도입

✓ 발표 주제: 무엇에 대해 발표할 것인가?

✓ 표절의 개념과 유형

▶ 발표 목적: 발표하려는 이유는 무엇인가?

✓ 대학에 들어온 이후, '표절하면 안 된다'는 주의를 계속 듣고 있는데 솔직히 표절에 대한 지식이 없기 때문에 이번 기회에 표절의 개념과 유형들을 구체적으로 확인하고 싶었다.

▶ 발표 순서: 발표를 어떻게 구성할 것인가?

✓ 우선 첫 번째로 표절의 개념, 다음으로 표절의 유형을 알아보고자 한다.

▶ 내용 전개 1

✓ 표절의 개념은 무엇인가?

- 표절이란 다른 사람의 생각이나 방법 혹은 글로 표현된 말을 출처를 밝히지 않고 가져오는 행위이다.
- 최근 몇몇 국내 대학들의 연구 윤리 강령에 따르면 표절은 '타인의 생각, 연구 내용, 결과 등을 정당한 인용 없이 사용하는 행위'로 정의하고 있다.
- 표절 여부의 판단에는 의도성보다는 인용 절차의 유무라는 포괄적 기준이 적용된다.

▶ 내용 전개 2

✓ 표절의 유형에는 어떠한 것이 있는가?

- 아이디어 표절: 창시자의 공적을 인정하지 않고 전체나 일부분을 그대로 또는 피상적으로 수정해서 그의 아이디어(설명, 이론, 결론, 가설, 은유 등)를 도용하는 행위

• 텍스트 표절: 저자를 밝히지 않고 다른 사람이 저술한 텍스트의 일부를 베끼는 행위
• 모자이크 표절: 다른 사람이 저술한 텍스트의 일부를 조합하거나, 단어를 추가 또는 삽입 하거나, 단어를 동의어로 대체하여 사용하면서 원저자와 출처를 밝히지 않는 행위
• 아이디어 왜곡: 다른 사람의 말과 생각임을 인정하지 않고 그 사실을 왜곡하는 행위

▶ 결론

✓ 표절 문제를 해결하기 위한 의견은?

• 표절을 예방하기 위한 방법에 대한 구체적인 지침은 다음에 조사하고자 한다.
• 표절의 개념과 유형에 대한 자료를 모으면서 우선은 대학생 자신이 표절의 비윤리성에 대해 명확하게 인식해야 한다는 생각이 들었다.
• 다음으로 잘 알지 못해서 일어나는 표절을 막기 위해서 표절을 방지하는 글쓰기에 대한 구체적인 교육이 있으면 좋겠다.

4. '표절'에 대한 슬라이드와 발표문을 만들어 발표해 봅시다.

슬라이드	발표 원고
표절이란? 학과: 글로벌경제학과 학번: 20160301 성명: 이유주	안녕하십니까? 경제학과 16학번 이유주입니다. 저는 오늘 표절에 대해 말하고자 합니다. 대학에 들어와서 '표절하면 안 된다'는 말은 무척 자주 들었습니다. 그런데 막상 보고서를 쓰다 보면 지금 표절을 하고 있는 건지 아닌지 잘 모를 때가 많았습니다. 그래서 이번 기회에 표절의 개념과 유형을 정확히 이해하고 싶어서 발표 주제로 선정하였습니다.

슬라이드	발표 원고
발표 순서 1. 표절의 개념 2. 표절의 유형	오늘 제 발표는 표절의 개념, 그리고 표절의 유형 두 부분으로 이루어집니다.
표절의 개념 ❖ 다른 사람의 생각이나 방법 혹은 글로 표현된 말을 출처를 밝히지 않고 가져오는 행위 ❖ '타인의 생각, 연구 내용, 결과 등을 정당한 인용 없이 사용하는 행위' ☞ '인용 절차의 유무'	여러분이 잘 아시다시피 표절은 다른 사람의 생각이나 방법 혹은 글로 표현된 말을 출처를 밝히지 않고 가져오는 행위입니다. 특히 최근 여러 대학에서 발표한 대학 연구 윤리 강령에 따르면 타인의 생각, 연구 내용, 결과 등을 정당한 인용 없이 사용하는 행위입니다. 이를 보면 의도성보다는 인용 절차의 유무를 문제 삼고 있는 것으로 보입니다.
표절의 유형 아이디어 표절 / 텍스트 표절 유형 아이디어 왜곡 / 모자이크 표절	표절은 여러 방식으로 이루어지는데 보시는 것처럼 크게 네 가지로 나누어 볼 수 있습니다. 우선 아이디어 표절은 남의 아이디어를 그대로 가져와 쓰는 것이고, 텍스트 표절은 남의 글을 그대로 베끼는 것입니다. 모자이크 표절은 다른 사람이 쓴 텍스트의 일부를 조합하거나, 단어를 추가 또는 삽입 하거나, 단어를 동의어로 대체하여 사용하면서 원저자와 출처를 밝히지 않는 것입니다. 마지막으로 아이디어 왜곡은 다른 사람의 아이디어를 사실과 다르게 만드는 것입니다.

슬라이드	발표 원고
결론 표절에 대한 ❖ 대학생의 인식 제고 ❖ 글쓰기 교육의 필요성	이번 발표를 준비하면서 하게 된 생각을 여러분과 나누고 싶습니다. 우선은 대학생인 우리 스스로가 표절에 대해 명확하게 인식해야 한다는 생각이 들었습니다. 다음으로 표절을 잘 알지 못해서 일어나는 표절을 막기 위해서 상세한 내용을 알려주는 글쓰기 교육이 있으면 좋겠습니다. 이상으로 발표를 마치고자 합니다. 혹시 질문 있으십니까? 없으시면 발표를 마치겠습니다. 감사합니다.

※ 학우들의 발표를 평가해 봅시다.

항목	우수	보통	미흡
발표 내용은 논리적으로 잘 구성되었는가?			
발표 상황에 맞는 격식적 표현을 사용했는가?			
정확한 발음으로 발표했는가?			
적절한 속도와 음량으로 발표했는가?			
시선, 몸짓, 자세, 표정 등의 비언어적 요소는 자연스러웠는가?			
청중이 이해하기 쉽도록 내용을 잘 설명했는가?			
도입부, 전개부, 종결부에서 필요한 기능을 잘 수행했는가?			
도입부, 전개부, 종결부에서 적절한 표현을 사용했는가?			
청중의 질문을 이해하고 적절하게 답했는가?			
의견			

• 심화 연습 •

※ '한국의 사교육 문제와 해결 방안'에 대한 발표를 준비하려고 합니다. 아래 자료들을 이용하여 발표할 내용을 정리해 봅시다.

자료 1: 오정민(2013)의 연구

사교육이 문제가 되는 이유는 좋은 대학을 나와야 사회에서 성공할 수 있다고 믿는 학력 중시 사회와, 대학 입학을 성적으로 결정하는 입시 제도 그리고 학부모들의 지나친 교육열과 경쟁 의식 때문이다. 한국의 사교육은 대학 진학에 초점이 맞추어져 있다. 지나친 입시 위주 경쟁으로 인해 배움의 본질은 무시된 채 교육이 진학과 취업을 위한 도구로 전락해 버렸다.

자료 2: 신연욱(2014)의 연구

사교육으로 인한 문제는 사회 전반에 걸쳐 나타나고 있다. 사교육을 받는 초·중·고등학생의 1인당 월 평균 사교육비 28만 8000원. 전체 학생 중 77%가 주당 10.1 시간의 사교육을 받고, 초등학생 자녀를 고등학교까지 졸업시키는 데 사교육비로 평균 4,370만 원, 유치원까지 포함하면 약 5,000만 원으로 자녀 2명이면 1억 원 정도가 든다고 한다. 특히 가계의 소득 수준이 높을수록 사교육 비용을 많이 지출하는 계층 구조가 매우 뚜렷하게 나타났는데 결국 지나친 사교육비의 증가가 사회 양극화를 심화하고 있다고 할 수 있다. 사교육이 국가에 도움이 되는 인재 양성보다는 진학 위주의 교육으로 흐르고 있어서 사교육비 지출은 국가적인 낭비라고 할 수 있다. 그동안 한국의 학교 교육은 입시 위주의 암기식 교육으로 인해 전인 교육이 사라졌으며 학생들이 사교육에 치중하다 보니 자연스럽게 학교에 소홀해지면서 공교육이 부실해졌다. 열악한 공교육 환경에서 차후의 교육 정책도 더 이상 학생들과 학부모들의 신임을 얻지 못할 것으로 보인다.

자료 3: 〈연합뉴스〉 2014년 2월 27일자

교육부는 통계청과 공동으로 초·중·고등학교의 학부모·학생 7만 8천 명을 대상으로 실시한 '2013년 사교육비·의식 조사'의 분석 결과를 27일 발표했다. 지난해 사교육비 총규모는 18조 5,960억 원으로 전년보다 4,435억 원(-2.3%) 줄었다. 그러나 이것은 우리나라 국내 총생산(GDP)의 2%에 해당하는 것으로 선진국 0.5%의 4배나 된다.

성적이 상위일수록 1인당 월 평균 사교육비가 높아졌다. 상위 10% 이내 학생의 1인당 월 평균 사교육비는 31만 6천 원으로, 하위 20% 이내(16만 2천 원)의 두 배 수준에 달했다. 학년이 올라갈수록 1인당 월 평균 사교육비가 많아지다가 중학교 1학년에서 27만 2천 원으로 정점을 찍고 이후 줄어드는 경향을 보였다.

지역별로는 서울(32만 8천 원), 대전(25만 9천 원), 경기(25만 3천 원), 대구(24만 2천 원) 등 4개 시도의 1인당 사교육비가 전국 평균을 웃돌았다. 전남(16만 8천 원), 강원(17만 2천 원), 충남(17만 4천 원), 전북(17만 5천 원) 등 11개 시도는 평균보다 낮았다. 전년과 비교하면 서울(5.1%), 대전(6.6%), 경기(1.6%) 등 사교육 시장이 발전한 지역과 충북(6.2%), 광주(3.5%), 인천(2.5%) 등 6개 시도가 증가했다.

지난해 사교육 참여율은 68.8%로 전년보다 0.6% 줄면서 6년째 감소세를 이어갔다. 초등학교는 0.9% 증가했고, 중 · 고등학교가 각각 1.1%, 1.5% 감소했다. 일반 교과의 사교육 참여율은 57.1%로 1.5% 줄고, 예체능은 32.1%로 1.2% 늘어 1인당 사교육비 증감과 비슷한 모습을 보였다. 일반 교과를 참여 유형별로 보면 학원 40.3%, 방문 학습지 12.5%, 개인 과외 10.4%의 참여율을 나타냈다.

주당 사교육 참여 시간은 5.9시간으로 전년보다 0.1시간(-1.7%) 감소했다.

사교육에 참여하는 목적은 학교 수업 보충(44.3%), 선행 학습(25.2%), 진학 준비(14.4%), 불안 심리(10.8%) 순으로 응답했다.

방과후 학교에 참여하는 학생이 참여하지 않은 학생보다 연간 사교육비를 49만 2천 원 더 적게 지출하는 것으로 나타났다. 하지만 유상 방과후 학교에 참여하는 학생의 1인당 방과후 학교 비용이 38만 9천 원인 점을 감안하면 학부모의 부담은 크게 차이가 나지 않았다. 또 EBS 방송을 보는 학생의 연간 1인당 사교육비가 278만 원으로, 방송을 보지 않는 학생보다 28만 6천 원이 많아 사교육 대책으로써 EBS 활용의 유용성에 의구심을 일게 했다.

자료 4: 차희서(2015)의 연구

사교육 문제를 해결하기 위해서는 먼저 입시 제도를 개선할 필요가 있다. 지금 우리 학생들을 평가하는 기준은 성적뿐이다. 오직 성적에만 관심을 가지기 때문에 좀 더 우수한 성적을 얻기 위한 방법으로 과외를 이용한다. 그러므로 이제 우리 교육에서 성적 위주의 평가 방식을 지양하고 전인적으로 평가하는 방식을 도입해야 한다. 예를 들어, 성적 외에 학생들의 인성, 적성, 특기 등 다양한 측면을 입시 사정에 반영하도록 하는 것이다. 또한 학교 교육의 경쟁력이 제고되어 학생들이 굳이 사교육을 받을 필요가 없도록 해야 할 것이다. 예를 들면 학교에서 수업을 마치고 과외 교습소나 학원에 가서 하던 활동을 학교에서 방과후에 다양한 교육 활동으로 시행하면 그만큼 사교육 활동도 줄일 수 있을 것이다. 또 다른 예로는 학교 교육에서 부족한 것을 학원과 같은 사설 기관의 과외가 아닌 어느 누구나 부담 없이 따로 비용을 들이지 않고 양질의 보충 교육을 받을 수 있도록 EBS 교육 방송이나 케이블 TV의 교육 프로그램처럼 교육 방송의 활성화도 필요하다고 생각한다. 사교육 방식을 따라가는 꼴이 아니라 참된 교육을 바탕으로 공교육으로서 나아가야 할 방향을 설정하고 그 방향대로 이끌어가는 학교 교육이 필요하다. 이를 위해서는 정부는 학교에 대한 지원을 늘리고 교사들은 수업의 질을 향상하기 위해 노력해야 할 것이다. 마지막으로 좀 힘이 들더라도 학벌 위주의 인력 채용 방식은 뿌리 뽑혀야 한다고 생각한다. 개개인의 능력을 우선시하는 그런 사회 풍토를 만들어 가야 한다. 무분별하게 학벌을 지향하는 학부모들의 마인드가 변화되어야 할 것이다.

과제

1. 위의 정보를 바탕으로 발표를 위한 문장을 만들고 연습해 봅시다.

- 왜 한국 사회에서 사교육 문제가 자주 거론되는 것일까?
- 사교육으로 인한 문제점은 무엇인가?
- 이러한 사교육 문제를 해결하기 위한 방안은 무엇인가?

2. 위의 정보를 바탕으로 다음 질문에 답해 봅시다.

- 도입
  발표 주제: 무엇에 대해 발표할 것인가?
  발표 목적: 발표하려는 이유는 무엇인가?
  발표 순서: 발표를 어떻게 구성할 것인가?(목차)
- 내용 전개 1
  한국에서 사교육 열기가 높은 이유는 무엇인가?
- 내용 전개 2
  지나친 사교육으로 인해서 어떤 문제가 발생했는가?
- 내용 전개 3
  사교육 문제를 해결하기 위해서 어떤 노력이 필요한가?
- 결론
  사교육 문제를 해결하기 위한 자신의 의견을 말해 봅시다.

3. 위의 질문에 대한 답변을 바탕으로 프레젠테이션 개요를 작성해 봅시다.

주제	
주제 선정 이유 및 목적	
발표 순서	
본문 내용	
결론	

실행

※ '사교육'에 대한 발표문과 슬라이드를 만들고 발표해 봅시다.

슬라이드	발표 원고

슬라이드	발표 원고

※ 자신의 발표를 평가해 봅시다.

항목	우수	보통	미흡
발표 내용은 논리적으로 잘 구성되었는가?			
발표 상황에 맞는 격식적 표현을 사용했는가?			
정확한 발음으로 발표했는가?			
적절한 속도와 음량으로 발표했는가?			
시선, 몸짓, 자세, 표정 등의 비언어적 요소는 자연스러웠는가?			
청중이 이해하기 쉽도록 내용을 잘 설명했는가?			
도입부, 전개부, 종결부에서 필요한 기능을 잘 수행했는가?			
도입부, 전개부, 종결부에서 적절한 표현을 사용했는가?			
청중의 질문을 이해하고 적절하게 답했는가?			
〈잘한 부분〉			
〈보완할 부분〉			

예시 답안

참고 문헌

참고 사이트

■ 예시 답안 ■

1과

〈자기소개 예시〉

• 학과 오리엔테이션에서 교수님과 선배, 동기들에게 자신을 소개합니다.

안녕하세요? 저는 중국에서 온 윤박입니다. 중국에 있을 때 드라마 황진이를 보고 한복의 아름다움에 빠져 한국 의상을 배우고 싶어서 한국 대학의 의상학과에 들어오게 되었습니다. 앞으로 한복의 미와 웨딩드레스를 접목한 드레스로 신부들을 행복하게 만들고 싶습니다. 앞으로 잘 부탁드립니다.

• 미팅 또는 소개팅에서 상대방에게 자신을 소개합니다.

미나 씨, 안녕하세요? 제가 그 오성민입니다. 만나서 반가워요. 친구한테 미나 씨 이야기 많이 들었어요. 등산을 좋아하신다고요? 저도 등산을 좋아해서 주말마다 북한산, 관악산, 인왕산 등 서울 근교의 산을 타곤 합니다.

• 아르바이트 면접에서 매니저에게 자신을 소개합니다.

안녕하세요? 저는 한국대학교 1학년에 재학 중인 홍센이라고 합니다. 베트남에 있을 때 어머니가 출근하시면 4명의 동생을 제가 돌보았는데, 그러면서 아이들과 노는 기쁨, 돌보는 보람을 배웠습니다. 이번에 키즈 카페에서 아르바이트를 구한다는 소식을 듣고 바로 지원하였습니다. 저를 뽑아 주시면 아이들과 즐겁게 일하겠습니다.

• 취업 면접에서 면접관에게 자신을 소개합니다.

안녕하십니까? 해외 마케팅 부문에 지원한 합리적 사고를 갖춘 글로벌 인재, 노아 슈미트입니다. 귀사에서 생산한 상품은 제가 한국과 인연을 맺도록 해준 은인입니다. 처음 사용해 본 한국의 물건이 귀사의 상품이었는데 이때 친구들에게 합리적 가격과 우수한 품질을 갖춘 한국 상품에 대해 어찌나 열정적으로 홍보를 했는지, 친구들이 '한국 상품 홍보 대사'라고 별명을 지어줄 정도였습니다. 제가 한국어를 배우고 심지어 한국 대학에 유학까지 오게 한 원동력이 된 귀사의 우수한 상품들을 전 세계에 홍보하고, 또한 유럽 시장에 최적화된 상품을 개발하고 싶습니다.

말하기는 화자가 ㉶㉮에게 ㉦㉻을 고려하여 음성 언어로 (메)㉦㉨를 전달하는 의사소통 행위이다. 말하기의 유형은 (목)(적), 상황, 화자의 수를 기준으로 구분하는데, 목적에 따라 정보 전달, 설득, 친교, 오락으로 나뉘며, 상황에 따라 비격식적, (격)(식)(적) 말하기로 나뉘며, 화자의 수에 따라 대화와 (독)(화)로 나뉜다.

2과

1. 제목: 마윈의 연설

URL	https://www.youtube.com/watch?v=GF5QfiXuIno
내용	미래는 얼마나 남을 돕는가에 달려 있다.
준언어적 요소와 비언어적 요소	• 연설 내용과 어울리는 손짓을 자주 사용한다. • 농담할 때는 표정이 부드럽지만, 확신에 차서 말을 할 때는 표정이 진지해지며 목소리도 커진다. 강세를 활용한다. • 내용이 전환될 때는 휴지를 사용한다. • 청중에게 골고루 시선을 준다. • 내용에 적절하게 말의 속도를 조절한다.

종합 의견	청중에게 내용을 전달하기 위해 비언어적 요소와 준언어적 요소를 효과적으로 사용한다. 젊은이들에게 미래를 준비하는 내용을 말하고 있으므로 힘차고 확신에 찬 말투와 행동을 사용하는 것이 특징이다.

2. 제목: 세바시 545회 내 감정을 책임질 때 찾아오는 자유 @박재연 Re+리플러스 대표

URL	https://www.youtube.com/watch?v=uNDj3YledkQ
내용	감정은 우리에게 무엇인가가 필요하다는 신호이므로 그것을 인정하고 성찰해 보면 어떤 자극이 와도 반응을 선택할 수 있다.
준언어적 요소와 비언어적 요소	• 미소를 지으며 청중과 골고루 눈을 맞춘다. • 연설 내용에 적절한 손짓을 자연스럽게 사용한다. • 자신의 일화나 다른 사람의 일화를 이야기할 때는 천천히 부드럽게 말한다. 그러나 일화 속에서 화난 감정을 표현할 때는 화난 말투로 말한다.
종합 의견	내용이 자신의 감정과 관련된 것이라 상냥한 표정과 말투를 사용한 것이 특징이다. 그리고 청중이 직접 참여할 수 있는 기회를 제공하여 청중의 몰입도를 높였다.

말하기에서 내용을 전달할 때 목소리 크기, 속도, 휴지, 강세, 억양 등의 음성적 자질인 준언어적 요소와 시선, 자세, 몸짓, 표정 등의 비언어적 요소는 상당히 중요하다.

3과

〈예시 1〉

매체(media)의 개념

- '가운데'를 뜻하는 'medium'에서 유래함.

메시지를 전달하는 수단이나 도구

매체(media)의 종류

인쇄 매체	신문, 책, 전단지 등
방송 매체	뉴스, 광고, 드라마 등
통신 매체	전화, 인터넷 등

매체 언어의 개념

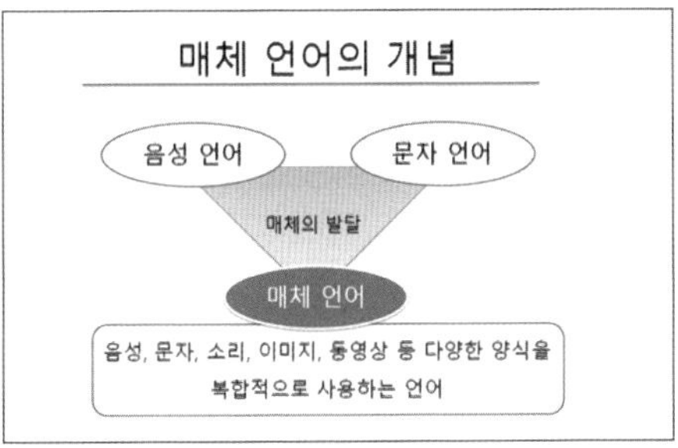

〈예시 2〉

매체(media)의 개념

- '가운데'를 뜻하는 'medium'에서 유래함.

메시지를 전달하는 수단이나 도구

매체(media)의 종류

인쇄 매체	방송 매체	통신 매체
• 신문 • 책 • 전단지 등	• 뉴스 • 광고 • 드라마 등	• 전화 • 인터넷 등

매체 언어의 등장

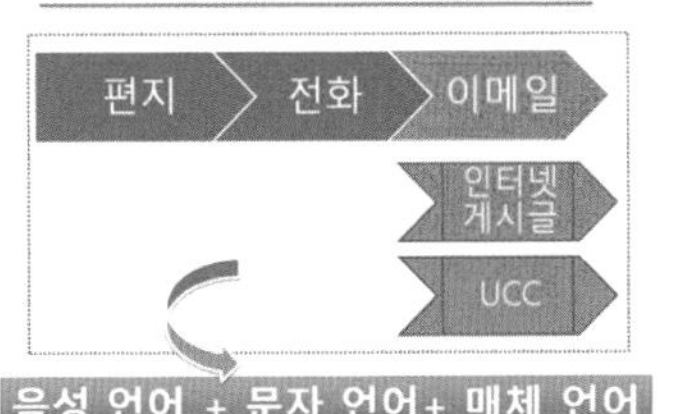

매체 언어의 개념

음성, 문자, 소리, 이미지, 동영상 등
다양한 양식을
복합적으로 사용하는 언어

문자 외에 말, 소리, 글, 동영상, 그림 등 다양한 양식을 복합적으로 결합하여 표현하는 언어를 ⓜⓒ ⓞⓞ라고 한다.

4과

▶ "자동차 산업의 발달 과정"

✓ 자동차 산업의 전반적인 발달 과정을 다루고자 할 때는 일반적으로 '시간의 흐름에 따른 전개 방식'으로 이야기한다. 그러나 자동차 산업의 개념과 범위, 자동차 산업을 이루는 부품 제조, 판매, 보험 등 다양한 영역별 발달 과정을 세부적으로 다룬다면 '소주제별 전개 방식'과 '시간의 흐름에 따른 전개 방식'을 복합적으로 사용할 수 있다.

▶ "공간별 가구 배치 방법"

✓ 제목에 '공간'이라는 단어가 있으므로 손쉽게 '공간에 따른 전개 방식'으로 이야기하면 된다. 예를 들어 주방, 거실, 침실, 서재 등 각 공간별로 가구를 어떻게 배치할 것인지를 말한다. 그러나 인테리어 스타일에 따른 공간별 가구 배치 방법이 발표 주제라면 앤틱(antique), 모던(modern) 등 스타일이 소주제가 되고 그 하위에 공간별 가구 배치 방법을 이야기할 수 있는데, 이때에는 '소주제별 전개 방식'과 '공간에 따른 전개 방식'을 복합적으로 사용할 수 있다.

▶ "환경 문제 해결을 위한 국제 협력 방안"

✓ 제목에서 추측할 수 있듯이 문제와 해결 방안을 중점으로 다루고자 한다면 '문제-해결의 전개 방식'을 따른다. 그러나 환경 문제를 분류하고 각 문제에 따른 해결 방안을 제시한다면 '소주제별 전개 방식'과 '문제-해결의

전개 방식'을 복합적으로 사용할 수 있다.

▶ "시장 점유율 감소 원인과 대책"

✓ 시장 점유율이 감소한 원인과 대책을 논하려면 시장 점유율이 감소한 결과가 문제 상황이 되므로 '원인-결과 전개 방식'과 '문제-해결 전개 방식'을 복합적으로 사용하여 내용을 구성할 수 있다.

▶ "유전자 조작 문제에 대한 논쟁"

✓ 제목을 보면 주로 유전자 조작 문제와 관련된 쟁점 현안들을 다룰 것으로 보이는데 이 경우에는 '소주제별 전개 방식'을 따르게 된다. 그러나 유전자 조작으로 인한 문제들을 살펴보고 해결 방안을 제시한다면 '문제-해결 전개 방식'을 취하게 될 것이고, 유전자 조작에 대한 논쟁의 변화 과정을 이야기하고자 한다면 '시간의 흐름에 따른 전개 방식'으로 내용을 구성하게 된다.

발표 준비는 일반적으로 청중 확인 및 분석 ⇨ 주제 선정 ⇨ 발표 목적 설정 ⇨ 자료 수집 ⇨ 내용 구성 ⇨ 원고 작성 ⇨ 보조 자료 작성 ⇨ 예행 연습의 절차를 거친다.

5과

(1) 컴퓨터 바이러스 예방법

안녕하십니까? 저는 오늘 컴퓨터 바이러스와 예방법에 관한 발표를 맡은 엉흐반체첵이라고 합니다. 사람들은 컴퓨터 바이러스의 위험성은 잘 인지하고 있으면서도 컴퓨터 바이러스를 예방하기 위한 노력은 별로 하지 않습니다. 이는 사람들이 컴퓨터 바이러스 예방법에 대해 자세히 알지 못하기 때문인데요. 그래서 이것을 오늘 주제로 선정하였습니다. 발표 내용은 크게 컴퓨터 바이러스 소개와 컴퓨터 바이러스 예방법으로 구성됩니다. 우선 컴퓨터 바이러스는 어떤 것인지, 어디서 유래했는지, 사람들이 왜 컴퓨터 바이러스를 만드는지 알아본 후, 컴퓨터 바이러스를 예방하는 방법으로 백신 프로그램과 정품 프로그램의 이용, 정기적인 백업에 대해 말씀드리겠습니다.

(2) 미세 먼지 오염에 대한 연구

안녕하십니까? 저는 알렉산드리아라고 합니다. 오늘 발표 주제는 중국의 미세 먼지 오염에 대한 연구입니다. 얼마 전 우연히 마스크를 낀 채 뿌연 거리를 걸어가는 사람들의 모습이 담긴 사진을 보게 되었는데, 그곳이 제가 그렇게도 가고 싶던 베이징의 모습이라니 믿을 수가 없었습니다. 제가 꼭 가고 싶은 베이징이 아름다운 하늘을 되찾길 바라면서 이번 발표를 준비하였습니다. 발표 순서는 다음과 같습니다. 첫째 미세 먼지의 정의, 둘째 미세 먼지로 인한 문제, 셋째 미세먼지 발생 원인, 마지막으로 미세 먼지 예방 방법입니다.

발표의 도입부는 인사말 ⇨ ㉶㉮㉳㉮ ⇨ ㉾㉽ 제시 ⇨ 발표 목적 및 주제 선정의 이유 ⇨ ㉺㉾ ㉳㉳ 로 구성된다.

6과

(1) 컴퓨터 바이러스 예방법

지금까지 다른 프로그램에 기생하는 별도의 프로그램, 즉 컴퓨터 바이러스에 대해서 살펴봤습니다. 요약하면 바이러스는 1949년 존 폰 노인이라는 사람이 최초로 개발하였습니다. 사람들은 금전적 문제를 해결하기 위해 또는 파괴 행위를 즐기기 때문에 바이러스를 만듭니다. 바이러스 피해를 예방하기 위해서는 백신 프로그램을 컴퓨터에 설치하여 주기적으로 컴퓨터를 검사해야 합니다. 정품 프로그램을 사용하여 바이러스가 들어올 기회를 차단하는 것도 중요합니다. 마지막으로 정기적으로 자료를 백업해야 피해를 최소화할 수 있습니다. 오늘 논의를 통해 앞으로 여러분이 컴퓨터를 잘 관리하여 바이러스 문제로 고생하는 일이 없기를 바랍니다. 질문이나 의견이 있으십니까? 질문이 없으면 발표를 마치겠습니다. 감사합니다.

(2) 미세 먼지 오염에 대한 연구

지금까지의 내용을 요약하면 미세 먼지의 정의, 미세 먼지로 인한 문제, 미세 먼지 발생 원인, 미세 먼지 예방 방법을 논의하였습니다. 오늘 발표가 여러분이 미세 먼지에 대한 지속적인 관심을 갖는 계기가 되었으면 좋겠습니다. 질문이나 의견이 있으시면 말씀해 주시기 바랍니다.

【청중의 질문: 요즘 들어 미세 먼지다, 초미세 먼지다 이야기가 많은데요. 미세 먼지와 초미세 먼지는 같은 것인지, 다른 것인지 알고 싶습니다.】

요즘 대두되고 있는 초미세 먼지와 미세 먼지의 차이에 관한 질문이시죠? 좋은 질문 감사합니다. 초미세 먼지는 미세 먼지의 1/4 크기로 체내에 들어가면 걸러지지 못하여 심장 질환이나 호흡기 질환을 일으킵니다. 초미세 먼지는 미세 먼지보다 인체에 훨씬 더 심각한 영향을 미치기 때문에 더 위험합니다. 충분한 답이 되었습니까? 그럼 이상으로 제 발표를 마치도록 하겠습니다. 감사합니다.

발표의 종결부는 일반적으로 요약 ⇨ 결론 제시 ⇨ 질의응답 ⇨ 인사의 절차를 거친다.

1.

- 미국의 심리학자인 라자러스는 스트레스를 인간이 몸과 마음이 감당하기 어려운 상황에 처하게 되었을 때 느끼게 되는 불안과 위협의 감정이라고 정의하였습니다.
- 미국의 심리학자인 라자러스에 따르면 스트레스는 인간이 몸과 마음이 감당하기 어려운 상황에 처하게 되었을 때 느끼게 되는 불안과 위협의 감정을 말합니다.

2.

표절이란?

- 다른 사람의 아이디어나 글을 출처를 밝히지 않고 가져오는 행위

출처를 밝혔는가?

표절은 다른 사람의 아이디어나 글을 출처를 밝히지 않고 가져오는 행위입니다. 인용 절차의 유무, 즉 인용 형식에 따라 출처를 밝혔는지가 중요합니다.

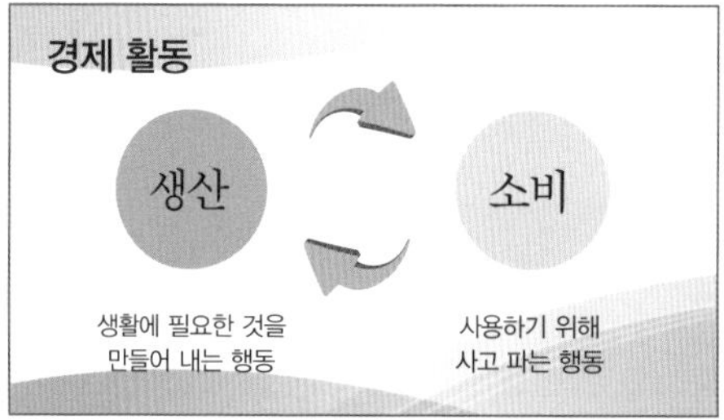

인간은 생활에 필요한 것들을 만들어 내고, 이것을 사용하기 위해 사고파는 등 끊임없이 무언가를 생산하고 소비하는데 이것을 바로 경제 활동이라고 합니다.

설명하고자 하는 대상의 속성과 그 대상이 속해 있는 상위 개념을 밝히는 것이 '정의하기'이다. 대표적인 표현으로는 '~은/는 ~이다', '~은/는 ~을/를 뜻한다', '~은/는 ~(이)라고 할 수 있다', '~은/는 ~을/를 말한다' 등이 있다.

8과

1. 화법은 목적에 따라 설득 화법, 정보 전달 화법, 친교 화법, 오락 화법으로 나뉩니다. 설득 화법의 예로는 주장, 토론, 건의 등이 있습니다. 안내, 뉴스, 설명, 발표 등은 정보 전달 화법의 예입니다. 친교 화법의 예를 들면 인사, 환영사, 대화 등이 있습니다. 마지막으로 오락 화법에는 유머, 풍자 등이 있습니다.

2.

3차 산업

- 제1, 2차 산업을 기초로 하여 각종 서비스를 제공하는 산업

예 운송업, 관광업, 숙박업, 통신업 등

1, 2차 산업에서 생산된 물건을 소비자에게 판매하거나 서비스를 제공하는 3차 산업의 예로 운송업, 관광업, 숙박업, 통신업 등을 들 수 있습니다.

생활 속 에너지 절약 방법

- 걷기
- 자전거 타기
- 대중교통 이용하기
- 에어컨보다 선풍기 사용하기

이러한 환경 문제를 극복하기 위해서는 우리 스스로 생활 속에서 할 수 있는 몇 가지 절약 방법을 실천해야 할 것입니다. 쉽고 간편하게 할 수 있는 에너지 절약 방법으로 예컨대 걷기, 자전거 타기, 대중교통 이용 등의 방법이 있습니다.

예시하기는 구체적인 예를 들어 설명하는 방식으로 '예를 들어', '~ 등이 그 예이다', '~을/를 예로 들 수 있다', '예컨대', '대표적인 것들로는 ~이/가 있다' 등의 표현을 주로 사용한다.

9과

1. 말하기의 유형은 목적, 격식성, 화자의 수에 따라 나눌 수 있습니다. 목적에 따라서는 정보 전달, 설득, 친교의 말하기로 구분할 수 있으며, 격식성의 유무에 따라서는 격식적 말하기와 비격식적 말하기로 나눌 수 있습니다. 마지막으로 화자의 수를 기준으로 하면 대화와 독화로 나눌 수 있습니다.

2.

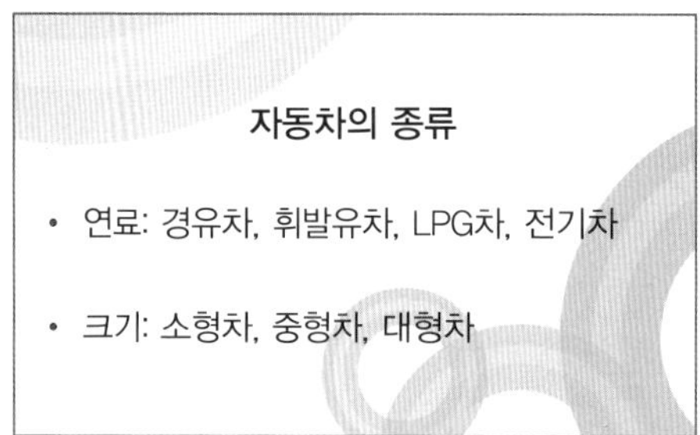

자동차의 종류는 연료, 크기, 용도 등 다양한 기준에 따라 나눌 수 있습니다. 우선 연료에 따라 경유차, 휘발유차, LPG차, 전기차로 나뉩니다. 다음으로 크기를 기준으로 하면 소형차, 중형차, 대형차로 나뉩니다.

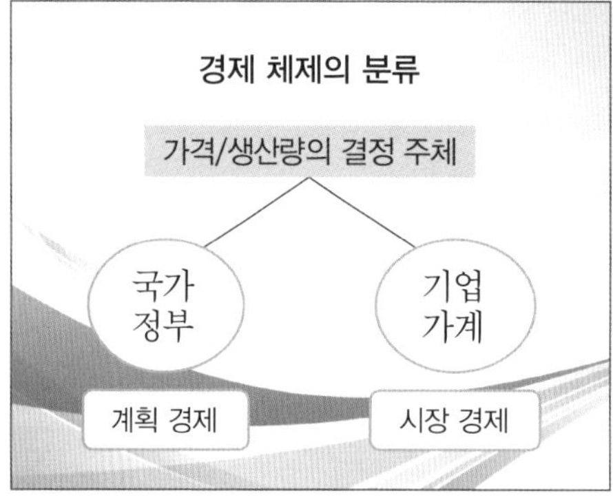

경제학에서는 누가 가격과 생산량을 결정하느냐에 따라 경제 체제를 시장 경제와 계획 경제로 구분합니다. 국가나 정부가 나서서 가격과 생산량을 결정할 경우 계획 경제라고 하고 이와는 달리, 수많은 기업과 가계들의 상호작용을 통해 가격과 생산량이 결정될 경우 시장 경제라고 합니다.

말하고자 하는 대상을 일정한 ㉠㉡에 따라 나누거나 묶어서 설명하는 방법을 ㉢㉣·㉤㉥하기라고 한다. '~은/는 ~에 따라 ~으로 나뉜다', '~은/는 ~에 따라 ~으로 구분된다', '~은/는 ~의 한 종류이다', '~, ~, ~ 은/는 ~(으)로 분류한다' 등의 표현을 사용한다.

10과

1. 문자 언어와 음성 언어는 모두 감정이나 의견을 표현하고, 지식이나 정보를 전달하며 지식을 함양하고 사고력을 신장할 수 있도록 지원하는 기능을 합니다. 그러나 다음과 같은 측면에서 차이가 있습니다. 우선 이해와 표현의 수단이 다릅니다. 문자 언어는 문자로 이해하고 표현하는 데 반해 음성 언어는 음성으로 이해하고 표현합니다. 다음으로 문자 언어는 글로 내용이 보관이 되므로 시간에 제약을 받지 않습니다만 음성 언어는 시간에 제약을 받아 말하거나 듣고 나면 사라집니다. 다음으로 내용을 전개할 때 문자 언어는 논리라는 요소에 영향을 많이 받지만 음성 언어는 이와 달리 청자와 말하는 목적 등 상황에 영향을 많이 받습니다.

2.

축구와 농구

	축구	농구
기구	공	공
팀 구성	팀을 이루어 경기	팀을 이루어 경기
인원	11명/팀	5명/팀
경기 시간	전, 후반 각 45분	10분씩 4피리어드

축구와 농구는 팀을 이루어 공을 가지고 하는 경기한다는 점에서 공통점이 있습니다. 그러나 축구는 한 팀이 11명, 농구는 5명으로 구성됩니다. 축구는 경기 시간을 전반과 후반으로 나누어 각 45분씩 경기를 펼치는 데 반해 농구는 10분씩 4피리어드로 경기합니다.

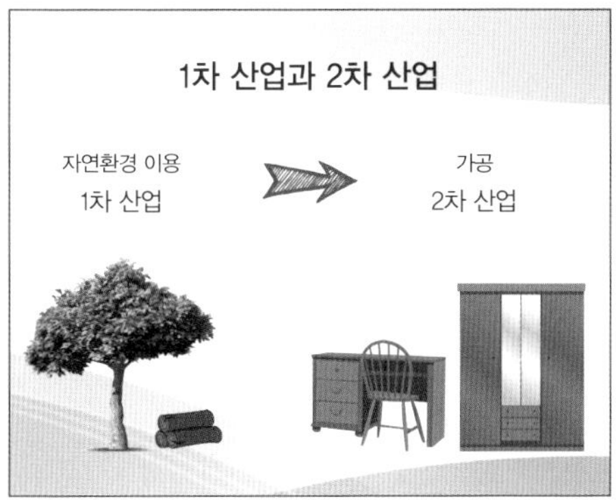

자연환경을 이용해 생산하는 1차 산업과는 달리 2차 산업은 1차 산업에서 얻은 생산물이나 자원을 가공하여 필요한 물건을 생산합니다.

예를 들어 나무를 베어서 시장에 땔감으로 파는 것은 1차 산업이며, 그 나무를 가구로 만들어 파는 것은 2차 산업입니다.

대상의 공통점을 (비)(교)하거나 (차)(이)(점)을 (대)(조)하는 설명 방식을 비교·대조하기라고 한다. 대표적인 표현으로는 '~와/과 마찬가지로', '~와/과는 달리', '~와/과 유사하게', '~와/과는 대조적으로', '~는 점에서 공통점을 찾을 수 있다', '~는 데 반해' 등이 있다.

11과

1. 2011년 통계청에서 발표한 자료를 통해 주요국의 청년 실업률을 살펴봅시다. 청년 실업률은 한국은 6.3%으로 나타난 데 반해 프랑스는 23.2%, 미국은 17.0%, 호주 10.8%, 독일 10.0%, 일본 8.0%으로 나타났습니다. 최근 청년 실업 문제가 심각하다는 보도를 심심치 않게 접하게 됩니다. 주변 사람들과 이야기하다 보면 청년 실업률이 매우 높게 느껴지는데도 불구하고 다른 나라에 비해 청년 실업률이 낮게 나온 까닭은 무엇일까요? 아마 국가마다 실업률을 계산하는 방식이 다를 것이라고 생각됩니다. 이것은 좀 더 구체적인 자료를 통해 확인해 보도록 하겠습니다.

2.

사교육의 실태

학교급별 2013년 기준

초등학교	중학교	고등학교
23만 2천 원	26만 7천 원	22만 3천 원
작년 대비 13,000원 증가	작년 대비 9,000원 감소	작년 대비 1,000원 감소

교육부에서 발표한 자료를 보시면, 2013년 현재 1인당 월 평균 사교육비가 23만 9천 원에 이릅니다. 학교급별 사교육비를 살펴보면 초등학생은 23만 2천 원, 중학생은 26만 7천 원, 고등학생은 22만 3천 원을 부담하고 있습니다.

고령화: 2015년도 인구 추이

	연령	명	구성비(%)
	0~49세	33,138,929	65.5
	50~64세	10,853,996	21.4
	65세 이상	6,624,120	13.1
총인구		50,617,045	

(단위: 명, %)

자료: 통계청(2011), 「장래인구추계」

통계청에서 발표한 2015 고령자 통계 자료에 의하면 2015년 65세 이상 인구는 662만 4천 명으로 전체의 13.1%를 차지하고 있습니다. 고령 인구의 급속한 증가로 인해 2060년에는 고령 인구가 전체의 40%를 차지할 것으로 예측하고 있습니다.

발표 내용을 구체적으로 설명하거나 주장을 뒷받침하기 위해 제시하는 자료에는 그래프, 도표, 그림, 사진, 인터넷 사이트 등이 있다. 이때 우선 자료 출처를 밝히고, 다음으로 자료의 내용을 설명한 후, 마지막으로 발표자의 해석을 덧붙인다.

12과

의사소통은 어휘, 문법 등의 언어적 요소, 시선, 목소리 크기, 속도, 휴지, 강세, 억양 등의 준언어적 요소, 시선, 자세, 표정, 몸짓 등의 비언어적 요소로 이루어집니다. 특히 비언어적 요소는 의미를 전달하는 데 매우 중요한 역할을 합니다. 이는 메러비언의 연구에서도 밝혀진 바 있습니다. 메러비언은 메시지를 전달할 때 말이 7%, 청각적 요소가 38%, 시각적 요소 즉 비언어적 요소가 55%를 차지한다는 연구 결과를 발표하였습니다. 이처럼 비언어적 요소는 의미를 전달하는 데 큰 비중을 차지하므로 의사소통에서 매우 중요한 요소입니다.

정리

자신의 주장을 뒷받침하기 위해 논리적인 근거, 즉 (논)(거)를 제시하는데 이때 (사)(실) 논거와 (소)(견)(의견) 논거가 있다. (사)(실) 논거는 조사나 연구를 통해 검증된 사실, 보편적으로 또는 역사적으로 인정된 사실이며, (소)(견)(의견) 논거는 전문가나 권위자의 견해, 다른 사람의 증언에 바탕을 둔다.

13과

안녕하십니까? 교육학과 16학번 오지서입니다.

한국에 와서 피아노 학원, 태권도 학원, 영어 학원, 수학 학원 등 학원이 많은 것을 보고 놀랐습니다. 이런 학원들이 사교육과 연관되어 있다는 것을 알게 되어 오늘 발표 주제로 한국의 사교육 문제와 해결 방안을 선정하였습니다.

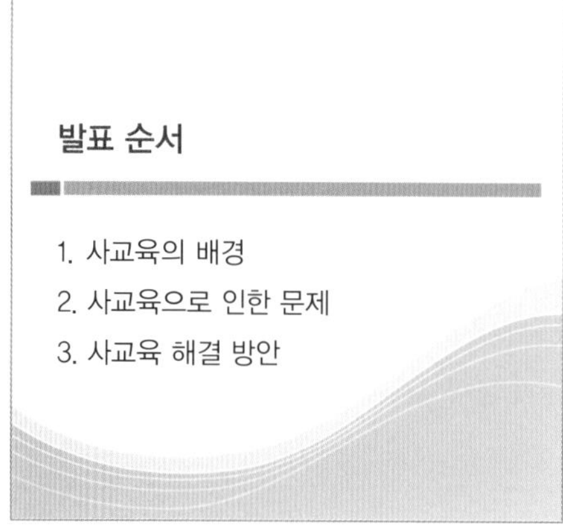

우선 사교육의 배경에 대해 먼저 말씀드리고, 다음으로 사교육으로 인한 문제들을 살펴본 후, 사교육 해결 방안을 알아보고자 합니다.

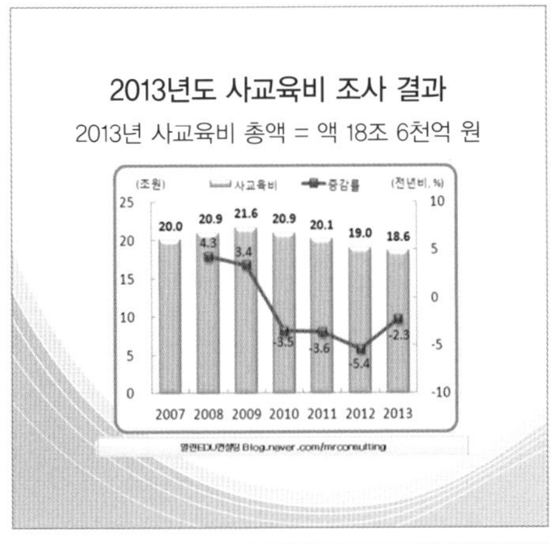

통계청과 교육부가 전국 1,094개 초·중등학교 학부모와 학생 7만 8,000명을 대상으로 조사한 '2013년 사교육비·의식조사 결과'에 따르면 사교육비 총규모는 18조 5,960억 원으로 나타났는데요. 이것은 우리나라 국내 총생산(GDP)의 2%에 해당하는 것으로 선진국 0.5%의 4배나 됩니다.

1. 사교육의 배경

- 학력 중시 사회
- 성적 위주의 입시 제도
- 학부모의 무분별한 태도

왜 이렇게 많은 비용을 사교육에 투자하고 있는 것일까요? 그 배경으로 먼저 좋은 대학을 나와야 성공할 수 있다고 믿는 학력 중시 사회를 꼽을 수 있습니다. 다음으로 대학 입학을 성적으로 결정하는 입시 제도, 마지막으로 학부모들의 지나친 교육열과 경쟁 의식을 들 수 있습니다.

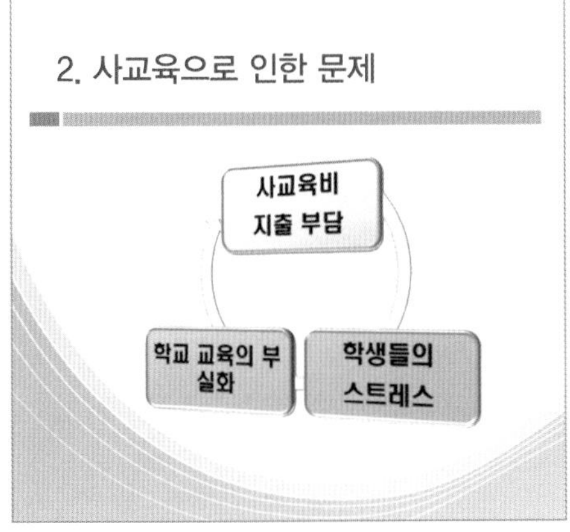

사교육으로 인한 문제는 사회 전반에 거쳐 나타납니다. 가정에서는 사교육비 지출에 대한 부담이 있는데, 특히 소득이 적은 계층일수록 그 부담이 큽니다. 학생들이 사교육에 치중하다 보니 자연스럽게 학교에 소홀해지면서 학교 교육이 부실해집니다. 그리고 학생들은 사교육과 공교육의 이중 부담으로 인해 스트레스를 받게 됩니다.

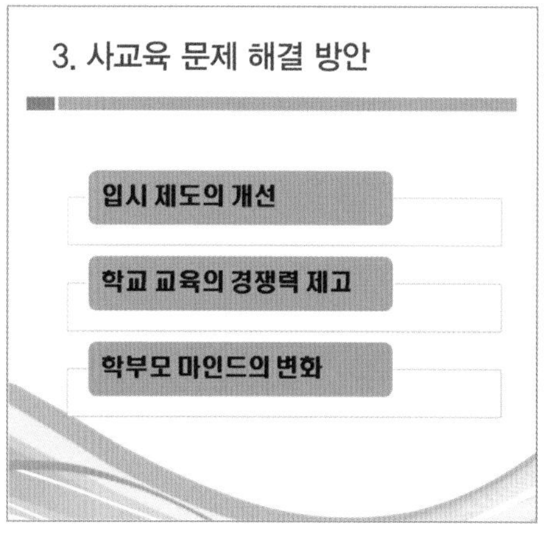

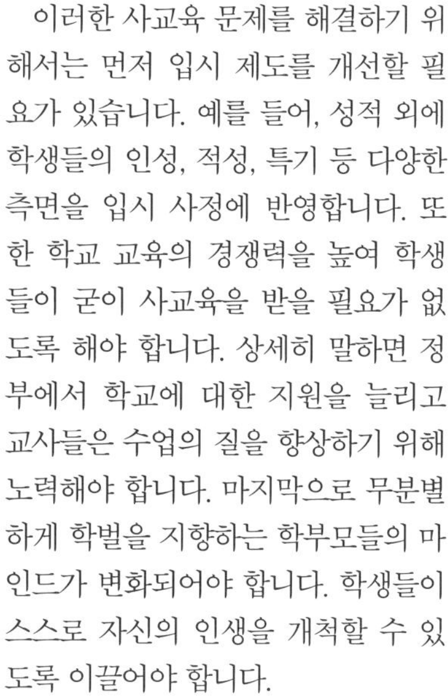

이러한 사교육 문제를 해결하기 위해서는 먼저 입시 제도를 개선할 필요가 있습니다. 예를 들어, 성적 외에 학생들의 인성, 적성, 특기 등 다양한 측면을 입시 사정에 반영합니다. 또한 학교 교육의 경쟁력을 높여 학생들이 굳이 사교육을 받을 필요가 없도록 해야 합니다. 상세히 말하면 정부에서 학교에 대한 지원을 늘리고 교사들은 수업의 질을 향상하기 위해 노력해야 합니다. 마지막으로 무분별하게 학벌을 지향하는 학부모들의 마인드가 변화되어야 합니다. 학생들이 스스로 자신의 인생을 개척할 수 있도록 이끌어야 합니다.

학생들이 행복한 학창 시절을 보내야 이들이 이끌 한국의 미래도 밝다고 생각합니다. 사교육 문제를 해결하기 위해 국가, 학교, 학부모 모두가 힘을 합쳐야 한다고 생각합니다. 이상으로 발표를 마치겠습니다. 감사합니다.

참고 문헌

김경휜 · 김미란 · 김성수, 『창의적 사고 소통의 글쓰기』, 성균관대학교 출판부, 2012.

김영임, 『스피치커뮤니케이션』, 한국방송통신대학교출판부, 2006.

서울대학교, 『한국어교육학 사전』, 도서출판 하우, 2014.

홍은실, 『한국어 학습자를 위한 학문 목적 발표 교육 연구』, 서울대학교 박사학위논문, 2014.

Dodd, C. H., Dynamics of Intercultural Communication, Wm. C. Brown Company Publishers. 1982.

Hall, E. T., The Hidden Dimension. Anchor Books, 1966.

Harrison, R. P, Nonverbal communication, Ithiel de Sola Pooll and W. Schramm, Handbook of Communication, Rand Mc-Nally College Publishing Co., pp. 93-115, 1973.

Jo Sprague, Douglas Stuart, 이창덕, 임칠성, 심영택, 원진숙, 민병곤, 전은주, 권순희, 노은희, 유동엽, 서현석 공역, 『발표와 연설의 핵심 기법』, 도서출판 박이정, 2008.

Knapp, M. L., Essential of Nonverbal Communication, Holt Rinehart and Winston, 1980.

Ruesch, J. & Kees, W, Nonverbal Communication: Notes on the Visual Perception of Human Relations, Univ. of California Press, 1956.

■ 참고 사이트 ■

국립국어원 표준 언어 예절

가정에서의 호칭

http://www.korean.go.kr/EventZone/e_book/st_lang_home_blank/index.html

사회에서의 호칭

http://www.korean.go.kr/EventZone/e_book/st_lang_social_blank/index.html

일상생활 속에서의 인사말

http://www.korean.go.kr/EventZone/e_book/st_lang_usual_blank/index.html

경어법

http://www.korean.go.kr/EventZone/e_book/st_lang_respect_blank/index.html

토스트마스터즈클럽

http://www.toastmasters.org/

매일경제

http://m.mk.co.kr/news/headline/2014/1019844(2014년 7월 23일자)

연합뉴스

http://www.yonhapnews.co.kr/bulletin/2014/02/27/0200000000AKR20140227074552004.HTML?from=search(2014년 2월 27일자)

말하기 능력을 키우는 발표의 기술

초판 1쇄 발행 2016년 8월 31일
초판 9쇄 발행 2024년 2월 29일

지은이 김경훤 · 홍은실 · 현원숙 · 김희경 · 오광근 · 유하라
펴낸이 유지범
펴낸곳 성균관대학교 출판부
책임편집 신철호
편　집 현상철 · 구남희
삽　화 김미경
외주디자인 아베끄
마케팅 박정수 · 김지현

등록 1975년 5월 21일 제1975-9호
주소 03063 서울특별시 종로구 성균관로 25-2
대표전화 02)760-1253~4
팩시밀리 02)762-7452
홈페이지 press.skku.edu

ISBN 979-11-5550-165-8 14710
979-11-5550-162-7 (세트)